本书获得2013年河南省高校科技创新人才支持计划、河南省高等学校哲学社会科学优秀学者项目（2014-YXXZ-17）和国家自然科学基金项目（U1204704/G0202）资助

董事会资本对董事会治理效率与企业技术创新影响研究

段海艳 著

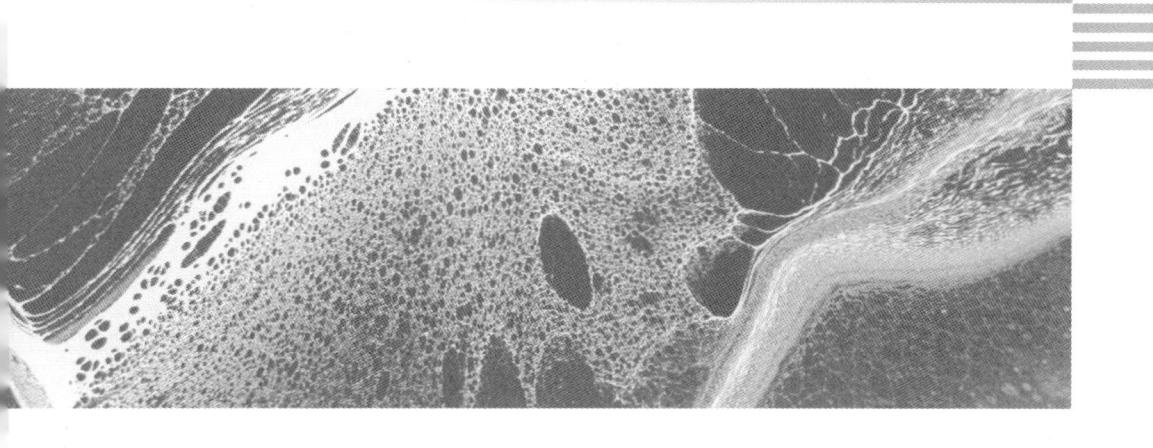

中国社会科学出版社

图书在版编目（CIP）数据

董事会资本对董事会治理效率与企业技术创新影响研究/段海艳著. —北京：中国社会科学出版社，2016.4
ISBN 978-7-5161-7910-9

Ⅰ.①董… Ⅱ.①段… Ⅲ.①董事会—管理体制—研究②企业管理—技术革新—研究 Ⅳ.①F271②F273.1

中国版本图书馆CIP数据核字（2016）第069779号

出 版 人	赵剑英
责任编辑	卢小生
特约编辑	林　木
责任校对	周晓东
责任印制	王　超
出　　版	中国社会科学出版社
社　　址	北京鼓楼西大街甲158号
邮　　编	100720
网　　址	http://www.csspw.cn
发 行 部	010-84083685
门 市 部	010-84029450
经　　销	新华书店及其他书店
印　　刷	北京君升印刷有限公司
装　　订	廊坊市广阳区广增装订厂
版　　次	2016年4月第1版
印　　次	2016年4月第1次印刷
开　　本	710×1000 1/16
印　　张	12.5
插　　页	2
字　　数	209千字
定　　价	49.00元

凡购买中国社会科学出版社图书，如有质量问题请与本社营销中心联系调换
电话：010-84083683
版权所有　侵权必究

前　言

董事会资本可以提高董事会的影响力和独立性,加强对经理层的监督和企业战略制定与执行的控制力；可以带来想法、认知、经历、商业知识,有利于董事会对企业外部复杂环境做出更清晰的判断以及创新思维的形成；可以加强企业与外部环境的联系,有助于企业对技能、商业契约、声誉和合法性等关键资源的获取,并为企业创造相对优势的制度环境。因此,董事会资本有利于董事会治理效率的提高和企业绩效的改善。中国情境下董事会资本与董事会治理效率以及企业创新绩效研究匮乏。我国正处于经济转型时期,董事会监督功能的"法治"特征较强,而资源提供职能的"人治"特征较强。在中国特定制度背景下,董事会监督与资源提供职能的有效履行各自存在哪些制约条件？董事会由内、外部董事构成,相对于内部董事,外部董事的网络特征更明显。不同类型董事的不同人力资本和社会资本在董事会监督与资源提供职能履行过程中发挥的作用有无差异,差异产生的深层原因是什么？董事会监督与资源提供职能如何对董事会治理效率以及企业绩效产生影响,它们的影响是相互促进关系,还是替代关系,哪种职能对董事会治理效率的影响更显著？外部董事的社会资本如何影响企业创新绩效？如何从董事会资本层面为董事会治理效率与企业创新绩效改善提供支撑？

基于这样的研究背景,本书使用社会网络分析方法和社会统计学分析方法,对中国转型时期董事会资本的演变特征和功能、董事会资本对董事会治理效率与企业绩效以及企业技术创新的影响进行探讨,并对基于西方实践而构建的资源依赖理论和代理理论在中国情境下的适用性进行了检验,进而在认识董事会资本的积极效果与不利影响的同时，为董事会治理效率与企业创新绩效的改善提供依据。

本书的特点及创新是：

第一，在对上海、广东两地企业间连锁董事关系网络拓扑结构图进行描述性分析基础上，使用社会网络分析方法从个体网和整体网两个层面对连锁董事关系网络进行统计分析，并得出以下结论：随着中国市场化程度的提高，企业间连锁董事关系数量呈下降趋势；因个人同时在多家企业兼职独立董事而形成的企业间关系是连锁董事关系网络的主要成因；与非国有企业相比，国有企业在连锁董事关系网络中居于较中心的位置且主导着连锁董事的功能；与上海地区相比，广东地区企业间连锁董事关系网络趋于松散。表明随着市场化程度的提高，正式的制度安排趋于完善和健全。基于正式制度安排与非正式制度安排之间的互补性，连锁董事作为一种非正式的制度安排，其发挥作用的空间会逐渐缩小。

第二，以资源依赖理论为支撑，使用社会网络分析方法和社会统计分析方法，从人力资本和社会资本两个维度探讨董事会资本对董事会决策质量和监督效率的影响。研究结果表明：首先，董事会平均年龄、平均任期、平均受教育水平以及年龄、任期和教育水平构成异质性等董事会人力资本变量对董事会决策质量和监督效率均无显著影响。其次，董事会内部社会资本中董事会会议次数对董事会决策质量和监督效率影响不显著。内部董事比例对董事会决策质量和监督效率均有显著正向影响，进一步对董事会决策质量和董事会监督效率的中介效应进行检验后发现，内部董事比例对董事会决策质量的影响因董事会监督效率的间接影响而弱化，内部董事比例对董事会监督效率的影响因董事会决策质量的间接影响而消失。最后，董事会外部社会资本中连锁董事有利于提高董事会决策质量，而对董事会监督效率没有显著影响。

第三，因董事在其他企业兼职而形成的董事会外部社会资本有利于董事会治理效率改善，但是董事过度兼职而造成的忙碌董事是否会对董事会治理效率造成不利影响？忙碌董事如何影响董事会监督、咨询效率以及企业绩效？本书发现：忙碌董事与董事会监督效率负相关，因此为"忙碌董事假设"提供了实证支持；忙碌董事与董事会咨询效率正相关，在"投资不足"企业更为显著，继而为"声誉假设"提供了实证支持；忙碌董事有利于"低监督成本、高咨询需求"企业绩效的改善，对"高监督成本、低咨询需求"企业绩效影响不具有显著性。董事会监督与咨询不能两全，企业应该根据自身规模、监督成本与咨询需求等差异，理性考虑是否选择忙碌董事以有效发挥其积极效应的同时规避其不利影响，最终改善企业绩效并最大化企业价值。

第四，以董事会外部社会资本——连锁董事为研究对象，就连锁董事对组织冗余的影响，连锁董事对企业技术创新的影响，以及连锁董事、组织冗余与企业技术创新关系进行探索性研究。研究结果显示：首先，包括所有关系在内的度中心性对企业创新绩效影响不显著，强连锁数量和地域趋同性对企业创新绩效有显著正向影响；其次，连锁董事对组织冗余的影响中，度中心性、强连锁数量和地域趋同性三个网络因素对组织冗余均有负向影响，其中只有地域趋同性影响显著；最后，连锁董事、组织冗余和创新绩效三者之间，组织冗余的中介效应不显著。总之，连锁董事有助于提升企业创新绩效，有助于减少组织冗余，而组织冗余的减少并不能改善企业创新绩效。

结合董事会资本对董事会治理效率与企业技术创新影响的研究结果可知，相对于内部社会资本，董事会外部社会资本——连锁董事对企业影响尤其显著。具体表现为：因董事个人在多家企业董事会兼职而引起的连锁董事有利于提高董事会决策质量与咨询效率，进而对董事会治理效率产生积极影响；即使过度兼职引起的忙碌董事也同样有利于董事会咨询效率的提高，但是改善企业绩效的积极效应仅适用于"低监督成本、高咨询需求"的企业；连锁董事有助于提升企业创新绩效，有助于减少组织冗余，而组织冗余的减少并不能改善企业创新绩效。

总之，本书就董事会资本、董事会治理效率与企业技术创新关系进行研究，揭示了董事会资本的功能定位，为企业寻求与获取各种资源支持及从政府层面合理规范董事阶层行为提供了参考。

目　　录

第一章　绪论 …………………………………………………………… 1

　　第一节　研究背景与意义 …………………………………………… 1
　　第二节　相关概念界定 ……………………………………………… 3
　　第三节　研究目的 …………………………………………………… 6
　　第四节　研究内容 …………………………………………………… 7

第二章　董事会资本的演变特征与功能定位 ………………………… 10

　　第一节　网络拓扑结构 ……………………………………………… 11
　　第二节　基于个体层面的连锁董事关系网络 ……………………… 16
　　第三节　基于整体层面的连锁董事关系网络 ……………………… 21
　　第四节　连锁董事关系网络的演变特征与功能定位 ……………… 26
　　第五节　本章小结 …………………………………………………… 30

上篇　董事会资本对董事会治理效率与企业绩效的影响

第三章　董事会资本、董事会治理效率与企业绩效文献综述 ……… 35

　　第一节　董事会资本与董事会治理效率研究述评和展望 ………… 35
　　第二节　董事会资本与企业绩效 …………………………………… 43
　　第三节　本章小结 …………………………………………………… 52

第四章　董事会资本对董事会治理效率的影响·············53

第一节　理论分析与研究假设·············54
第二节　数据来源与变量设计·············60
第三节　实证分析·············62
第四节　结果讨论·············71
第五节　本章小结·············74

第五章　忙碌董事对中小企业绩效的影响：基于监督与咨询二元视角·············75

第一节　理论分析与研究假设·············77
第二节　数据来源与变量设计·············81
第三节　实证分析·············83
第四节　结果讨论·············92
第五节　本章小结·············96

下篇　董事会资本中连锁董事、组织冗余与企业技术创新

第六章　连锁董事、组织冗余与企业技术创新研究综述·············99

第一节　连锁董事与组织冗余·············100
第二节　组织冗余与企业技术创新·············102
第三节　连锁董事与企业技术创新·············103
第四节　研究述评与展望·············106
第五节　本章小结·············107

第七章　连锁董事对组织冗余的影响研究·············108

第一节　理论分析与研究假设·············110
第二节　数据来源与变量设计·············116

第三节　实证分析……………………………………………… 118
　第四节　稳健性检验…………………………………………… 123
　第五节　结果讨论……………………………………………… 126
　第六节　本章小结……………………………………………… 129

第八章　连锁董事对企业技术创新的影响研究……………… 131
　第一节　理论分析与研究假设………………………………… 132
　第二节　数据来源与变量设计………………………………… 134
　第三节　实证分析……………………………………………… 135
　第四节　结果讨论……………………………………………… 138
　第五节　本章小结……………………………………………… 140

第九章　连锁董事、组织冗余与企业技术创新……………… 141
　第一节　理论分析与研究假设………………………………… 142
　第二节　数据来源与变量设计………………………………… 147
　第三节　实证分析……………………………………………… 149
　第四节　结果讨论……………………………………………… 155
　第五节　本章小结……………………………………………… 158

第十章　结束语………………………………………………… 159
　第一节　主要创新点…………………………………………… 159
　第二节　研究展望……………………………………………… 162

参考文献………………………………………………………… 164

（Luckerath – Rovers，2013）；董事会资本可以加强企业与外部环境的联系，有助于企业对技能、商业契约、声誉和合法性等关键资源的获取，并为企业创造相对优势的制度环境（David et al.，2013）。因此，董事会资本有利于董事会治理效率的提高和企业绩效的改善。

本书的理论意义在于：

第一，对董事会资本、董事会治理效率与企业绩效的关系进行探索性研究。基于董事会资本在董事会治理与企业战略管理中的重要地位，国内外学者从不同研究视角、应用不同方法对董事会资本进行深层次探讨，但是已有研究多是围绕董事会资本对企业绩效的影响，或者董事会资本对董事会监督、资源提供等某一项职能履行效果的影响展开，将董事会资本、董事会治理效率与企业绩效纳入同一研究框架，探讨三者之间动态关系的文献尚未发现。

第二，对董事会资本现有理论在中国的适用性进行检验。由于董事会资本现有理论多基于西方实践构建，国内相关方面的研究成果较少。基于西方社会实践构建的董事会资本相关理论是否适合中国具体情况？因适用条件的变化和中国企业独特的制度背景，董事会资本现有理论在解释中国董事会资本的生成和运作时是否存在局限？中国当前正处于经济转型时期，在制度化约束不健全的情况下，董事会资本必然呈现出不同于西方国家的属性特征，并且在企业以及整个社会经济生活中扮演着更为重要的角色。中国特定的制度背景为深刻理解与全面认识董事会资本提供了研究平台，为进一步发展与完善董事会资本现有理论提供了契机。因此，在中国转型经济下就董事会资本、董事会治理效率与企业绩效关系进行探讨，对于发展与完善董事会资本理论，提高董事会治理效率与改善企业绩效等研究必定具有较高的理论参考价值。

本书的实践意义在于：

首先，对于提升企业绩效而言，本书有助于企业识别不同类型董事的不同资本在董事会监督与资源提供和企业绩效改善中发挥的不同作用，并根据企业性质和所处发展阶段的不同，把握对董事会资本的内在需求,进而有针对性地选择拥有恰当资本、与企业现实需求最佳匹配的董事,以提高董事会治理效率和改善企业绩效。

其次,本书有助于指导与规范董事会资本的合理运用。一方面,董事会资本可以给企业带来资源获取方面的优势,有利于董事会治理效率与企业经营绩效和社会生产力的提高;另一方面,董事会资本源自董事个人,董事是经济人,可能利用所拥有的资本"寻租",以牺牲企业利益为代价来最大化董事个人利益。因此,通过就董事会资本、董事会治理效率与企业绩效关系进行研究,可以揭示董事会资本的功能定位,在为企业积极寻求与获取各种资源支持的同时,为政府层面合理规范董事阶层的"寻租"行为提供参考。

第二节 相关概念界定

一 董事会资本

希尔曼和达尔齐尔(Hillman and Dalziel,2003)首次将"董事会资本"概念引入战略管理研究,并提出董事会资本包括人力资本和社会资本,用以衡量董事会为企业提供资源的能力。其中董事会人力资本包括董事年龄、受教育水平、职业背景、任职年限以及人力资本异质性等,是董事个体为董事会提供知识、技能等资源的能力总称(Kor and Sundaramurthy,2009);董事会社会资本是指董事所拥有的企业内、外部关系网络以及由这些关系网络所带来的各种现实或潜在资源(Kim and Cannella,2008)。威廉和罗伯特(William and Robert,2009)通过对14家企业所有董事成员进行调查后发现,除董事会会议外经常碰面的董事之间形成的强联结关系,是比人力资本更具影响力的变量。这些董事之间的关系联结构成董事会的社会资本。根据存在边界和发挥功能不同,董事会社会资本可进一步划分为内部社会资本和外部社会资本。董事会内部社会资本源自企业内部,是指董事会成员之间以及董事会与管理层之间经过长期交流与合作而建立的信任关系(Fischer and Pollock,2004);董事会外部社会资本指企业外部联结关系，包括连锁董事关系网络等（Mizruchi and Stearns，1994）。海恩斯和希尔曼（Haynes and Hillman，2010）则提出董事会资本具有两个维度——资本广度和资本深度。其中董事会资本广度是指董事会成员的年龄异质性、职业背景异质性、任期异质性、任职背景异质性、教育背景异质性以及通过连锁董事身份和在其他行业的经历而建立起来的行业关系异质性；董事会资本深度是指董事会借助董事会成员具有的连锁董事身份以及职业背景等嵌入企业所在行业的程度。

希尔曼和达尔齐尔（Hillman and Dalziel，2003）提出，董事会资本用以衡量董事会为企业提供资源的能力。根据构成和属性不同，董事会资本可划分为人力资本和社会资本。其中董事会人力资本是指董事成员自身拥有的知识、技能等（Kor and Sundaramurthy，2009），具体而言包括董事年龄、受教育程度、职业背景、任职年限以及性别、年龄、任职年限等董事构成方面的异质性；董事会社会资本是指源自董事的企业内外部各种关系以及通过这些关系可为企业带来的现实或潜在资源（Kim and Cannella，2008）。根据存在边界和发挥效用不同，董事会社会资本可进一步划分为内部社会资本和外部社会资本。其中，董事会内部社会资本是指董事会成员之间以及董事会与经理层之间经过长期交流与合作而建立的信任关系，主要源自企业内部（Fischer and Pollock，2004）；董事会外部社会资本是指通过在行业内的工作经历，董事会成员与该行业内存在的其他角色（例如其他企业董事、客户、供应商以及分销商等）建立起来相对良好的合作关系，并最终形成董事会外部社会资本（Mizruchi and Stearns，1994）。

二 董事会治理效率

董事会治理效率是指董事会职能有效履行的程度（Masulis，Wang and Xie，2012）。作为公司治理的核心，董事会肩负着股东受托责任的同时，还肩负着对经理层的委托责任。因此，董事会职能的有效发挥成为提高董事会治理效率的关键（Kor and Misangyi，2008）。过去50年董事会被赋予各种职能，其中监督与资源提供是最主要的两种职能（Zahra and Pearce，1989）。监督职能是指董事代表股东监督经理层行为的责任。这一职能源于代理理论，该理论以委托人与代理人之间关系为出发点，侧重于研究如何使代理成本最小化（Fama and Jensen，1983）。在代理理论框架下，监督高管人员的行为和业绩、任命和更迭经理层、评价与监督企业战略导向以及整体绩效就成为董事会最核心职能。

随着企业内外部经营环境的复杂化，以及学者对董事会职能认识的深化，资源依赖理论被引入董事会治理效率研究框架，学者们逐渐意识到董事会存在的价值不仅仅体现在监督这一核心职能上，资源提供职能也成为提高董事会治理效率的重要途径之一。资源依赖理论认为，董事会是企业应对外部环境不确定性的重要工具，通过增加董事会异质性和连锁董事关系网络的构建等，企业能够加强与其他企业间的互惠合作进而降低交易成本，同时提升企业对关键资源的获取能力，这些关键资源包括：（1）建议与指导；（2）合法性；（3）企业与外部环境之间信息交流的渠道；（4）优惠承诺或从企业外部获取关键要素支持（Hillman and Dalziel，2003）。

三　连锁董事

连锁董事作为企业社会资本的重要表现和最主要的一种企业间网络关系，是指个体成员同时在两家或两家以上企业董事会任职，由此而产生的企业间联结关系（Mizruchi，1988）。这是连锁董事原始的内涵界定，却一直得到后来研究连锁董事的国内外广大学者的普遍认同。对于董事个人而言，如果甲是A公司的董事成员，同时他还担任B公司的董事职务。此时就把甲称为连锁董事。因为甲同时在A、B两家公司董事会任职，而使A、B公司之间产生联结关系，我们称为连锁董事关系。由一定样本企业组成的、彼此之间错综复杂的企业间连锁董事关系的集合体，我们称为连锁董事关系网络。

企业间连锁董事可分为直接连锁董事和间接连锁董事。直接连锁董事是指任意两家企业间通过一个或多个共同董事联结在一起。间接连锁董事是指任意两家企业间通过第三家企业或多家企业间接联系在一起，例如 A、B 公司因拥有共同董事甲而形成直接连锁董事关系，A、C 公司因拥有共同董事乙而形成直接连锁董事关系，那么 B、C 公司之间会因 A 与 B 公司之间、A 与 C 公司之间的直接连锁董事关系而自然形成间接连锁董事关系。直接连锁董事作为一种最重要的连锁形式，其目的性最强，故我们选择以直接连锁为基础探讨连锁董事关系网络的成因及效果。同时，与所研究对象建立直接连锁董事关系的企业中，依据其是否与研究对象处于同一地区，可将直接连锁进一步划分为本地连锁与非本地连锁；依据其是否与研究对象处于同一行业，可将直接连锁进一步划分为同行连锁与非同行连锁。在此基础上，进一步延伸出地域趋同性与行业趋同性，并以此为基点探讨连锁董事关系网络因素对企业及董事个人的影响。

需要注意的是，连锁董事不同于关联董事。至于什么是关联董事，至今为止在期刊网以及各类搜索网站上尚未发现有明确的概念界定。按我们的理解，关联董事是指个人同时在发生关联交易的企业董事会任职的现象。关联董事是因关联交易而引起的，是暂时性的。而连锁董事是因个人同时在多家董事会任职而引起的，只要个人的董事职务没有发生改变，企业间的连锁董事关系就会一直持续下去，而不管期间是否发生关联交易。相对而言，连锁董事的内涵与外延更宽泛。更准确地讲，关联董事只是连锁董事的一个子集。

第三节 研究目的

本书目标有三：
一 揭示中国企业连锁董事关系网络的现状和演变特征
使用社会网络分析方法对中国企业连锁董事的属性进行考察与分析，对不同年度的连锁董事关系网络进行比较研究。揭示中国企业连锁董事关系网络现状和演变特征的同时，为连锁董事关系网络的成因分析挖掘更多、更有意义的解释变量。

二 揭示董事会资本对董事会治理效率以及企业绩效的影响

以资源依赖理论为支撑，使用社会网络分析方法和社会统计分析方法，从人力资本、社会资本两个维度探讨董事会资本对董事会决策质量、监督效率的影响，以及对董事会治理效率和企业绩效的综合影响，以期从董事会资本视角探寻改善董事会决策质量和提高其监督效率，有效发挥董事会功能和企业绩效的方法与路径。另外，考虑董事在中国特定情形下，由于董事市场不健全和董事人才紧缺，董事特别是独立董事在多家企业董事会兼职已成为中国上市公司普遍现象。因此而引起的忙碌董事也是董事会资本的重要构成。忙碌董事这种董事会资本如何影响董事会咨询效率？忙碌董事对董事会治理效率以及企业绩效的综合影响如何？本书探讨忙碌董事对董事会监督、咨询效率的影响以及对企业绩效的综合效果，旨在为规范我国董事行为和提高董事会治理效率提供理论支持和政策建议。

三 揭示董事会资本主要形式之一——连锁董事对企业技术创新的影响

以资源依赖理论为支撑，使用社会网络和社会统计分析方法等，就连锁董事对企业创新绩效、组织冗余的直接影响以及组织冗余的中介效应进行探索性研究，并基于西方连锁董事实践而构建的资源依赖理论在中国的适用性进行实证检验。

第四节 研究内容

本书主要在对董事会资本现有理论进行梳理基础上探讨中国企业董事会资本的演变特征和功能定位，就董事会资本对董事会治理效率和企业绩效的影响，以及董事会资本的最主要表现之一——连锁董事对企业技术创新的影响进行探索性研究，给出提高董事会治理效率以及企业技术创新绩效的路径与模式选择。研究内容具体安排如下：

第一,以上海、广东两地上市公司为样本,在对 2006 年和 2009 年企业间连锁董事关系网络拓扑结构图进行描述性分析基础上,使用社会网络分析方法从个体与整体两个层面对 2006 年和 2009 年国有企业连锁董事关系网络进行量化分析,其中个体中心网指标主要包括度中心性、居中中心性;整体网络指标主要包括网络密度、平均距离、中心势、聚类系数、核心—边缘,进而从多角度揭示企业间连锁董事关系网络演变特征的同时,更深刻地认识连锁董事成因以及在中国转型经济发展中的功能定位。

第二,以资源依赖理论为支撑,使用社会网络分析方法和社会统计分析方法,从人力资本、社会资本两个维度探讨董事会资本对董事会决策质量和监督效率的影响,以及对董事会功能发挥的综合影响,以期从董事会资本视角探寻改善董事会决策质量和提高其监督效率,有效发挥董事会功能方法与路径。同时,因董事个人过度兼职所形成的忙碌董事普遍存在并成为理论与实务界关注的焦点。在中国情境下,忙碌董事是否真如学者们所预期的那样,无法保持客观独立并发挥监督作用?忙碌董事如何影响董事会咨询效率?忙碌董事对董事会治理效率以及企业绩效的综合影响如何?基于此,本章还将探讨忙碌董事对董事会监督、咨询效率的影响以及对企业绩效的综合效果,旨在为规范我国董事行为和提高董事会治理效率提供理论支持和政策建议。

第三,技术创新是提高企业核心竞争力的关键,一方面企业技术创新战略决策主体是企业董事会;另一方面技术创新是企业对所拥有的各项人才、资金、知识等有形、无形等多种资源的有效整合。董事会资本之一——基于董事个体同时在多家企业董事会任职而形成的连锁董事,能够影响企业技术创新战略的同时,使企业从关系网络中获取创新所需资源,特别是知识资源成为可能,继而会对企业技术创新绩效产生积极影响。连锁董事是企业资源获取的一种手段,组织冗余是企业所持有资源的存量,连锁董事如何影响组织冗余?那么连锁董事是否会通过影响组织冗余而对企业创新绩效产生间接影响?基于以上考虑,本章以连锁董事这种典型的董事会

第一章 绪论

资本为起点,以资源依赖理论为支撑,使用社会网络分析方法,就连锁董事对企业创新绩效、组织冗余的直接影响,连锁董事通过影响组织冗余而对企业创新绩效产生的间接影响,即组织冗余的中介效应进行探索性研究,并就基于西方连锁董事实践而构建的资源依赖理论在中国的适用性进行实证检验。

企业间连锁董事关系网络,与剔除那些因在两家或两家以上公司同时只担任独立董事而引起的企业间关系后所构成的连锁董事关系网络,进行对比研究,比较分析全部董事构成的企业间连锁董事关系网络与剔除独立董事后的企业间连锁董事关系网络的异同。

这样按样本来源及构成不同将企业间关系网络分为"上海、广东两地全部董事构成的连锁董事关系网络"和"上海、广东两地剔除独立董事后的连锁董事关系网络",其中前者指因样本企业全体董事成员同时在两家或两家以上公司董事会任职而构成的连锁董事关系网络,后者指在全部董事成员构成的企业间连锁董事关系网络基础上,剔除那些因在两家或两家以上公司同时只担任独立董事而引起的企业间关系后所构成的连锁董事关系网络。同时,为了对比分析国有与非国有企业在连锁董事关系网络中的属性特征,将关系网络中的节点按企业性质不同分为两类:红色圆形节点为国有企业,蓝色三角形节点为非国有企业。为了对企业间连锁董事关系网络有一个全面、直观的认识,我们借助 UCINET 专用工具,绘制出2006年、2009年上海、广东两地全部董事构成的连锁董事网络拓扑结构图和上海、广东两地剔除独立董事后的连锁董事网络拓扑结构图,并分别列示于图 2-1 至图 2-4 中。需要注意的是,四个网络图中左边纵向排列的均为孤立点。①

首先,对比分析 2006 年和 2009 年两个年度全部董事构成的企业间连锁董事网络拓扑结构图。由图 2-1 可看出,在 2006 年上海、广东两地全部董事构成的连锁董事关系网络中,与其他企业有 1 个以上直接关系的为 230 个,占样本总数的 73.2%。对应左侧孤立点的个数为 84 个,说明这些企业没有与网络中其他任何企业建立直接关系,占样本总数的 26.8%。进一步分析后可发现,这些孤立点中广东地区企业为 53 个,占孤立点总数的 63.1%,而在总体样本构成中,广东地区企业 167 个,占样本总数的 53.2%,表明孤立点中广东地区企业比例偏高。从孤立点的企业性质来看,84 个孤立点中

---

① 孤立点是指网络图中没有与任何其他节点之间有联结关系的点。

非国有企业 81 个，所占比例为 96.4%，而在总体样本构成中，非国有企业 116 个，所占比例是 36.9%，相比之下孤立点中非国有企业比例显著较高；从图 2-2 可以看出，在 2009 年上海、广东两地全部董事构成的连锁董事关系网络中，与其他企业有 1 个以上直接关系的为 267 个，占样本总数的 69.7%。对应左侧孤立点的个数为 116 个，占样本总数的 30.3%。这些孤立点中广东地区企业为 64 个，占孤立点总数的 55.2%，而在总体样本构成中，广东地区企业 222 个，占样本总数的 58.0%，表明孤立点中上海、广东两个地区企业比例基本持平。从孤立点的企业性质来看，116 个孤立点中非国有企业为 67 个，所占比例为 57.8%，而在总体样本构成中，非国有企业为 174 个，所占比例为 45.4%，相比之下，孤立点中非国有企业比例显著偏高。

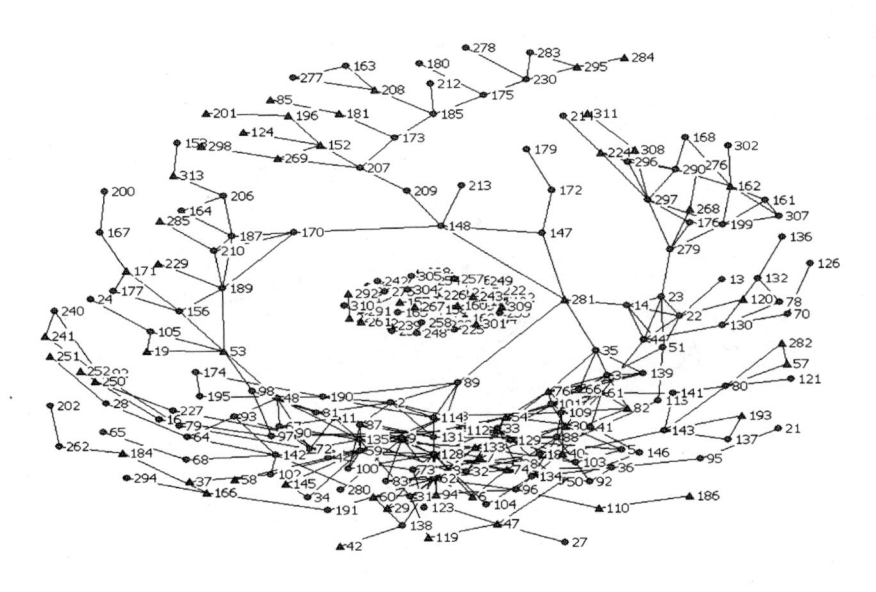

图 2-1 2006 年上海、广东两地全部董事
构成的连锁董事网络拓扑结构

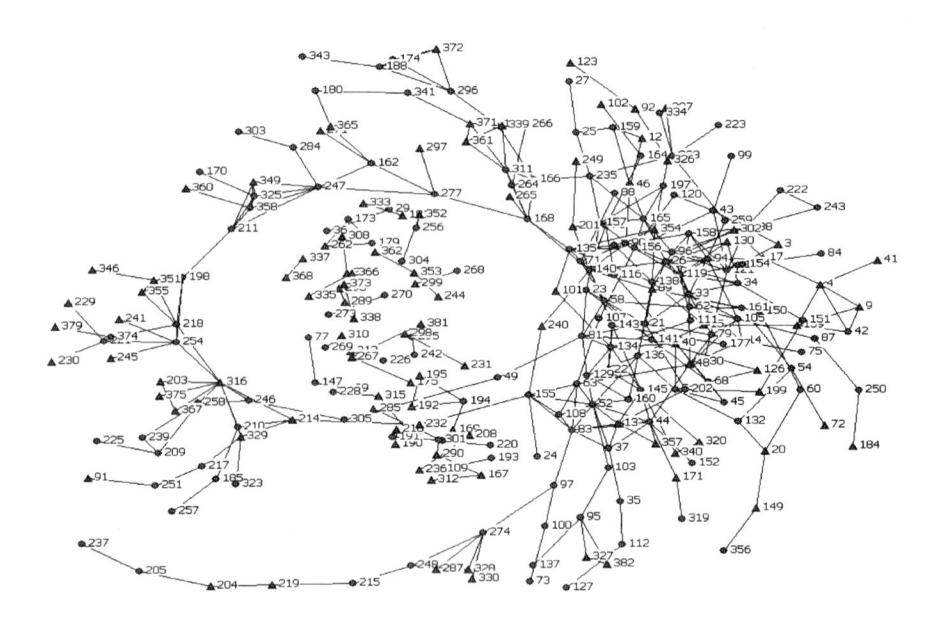

图 2-2 2009 年上海、广东两地全部董事
构成的连锁董事网络拓扑结构

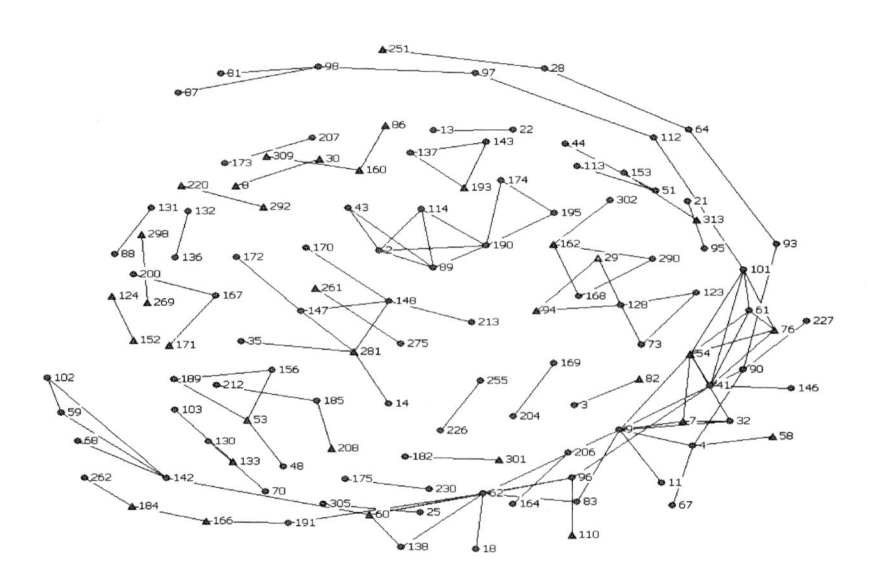

图 2-3 2006 年上海、广东两地剔除独立董事后的
连锁董事网络拓扑结构

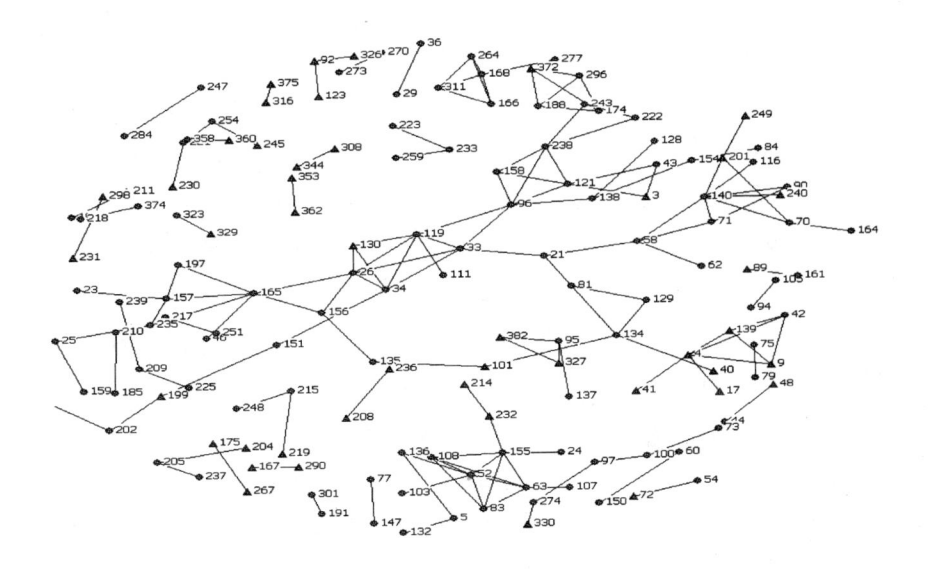

图 2-4 2009 年上海、广东两地剔除独立董事后的连锁董事网络拓扑结构

其次，对比分析 2006 年和 2009 年两个年度剔除独立董事后的企业间连锁董事网络拓扑结构图。在对应的 2006 年上海、广东两地剔除独立董事后的企业连锁董事关系网络拓扑结构图 2-3 中，与其他企业有 1 个以上直接关系的为 122 个，占样本总数的 38.9%。对应左侧孤立点的个数为 192 个，占样本总数的 61.1%。这些孤立点中，广东地区企业为 116 个，占孤立点总数的 60.4%，高于总体样本中广东地区企业所占比例为 53.2%，表明孤立点中广东地区企业比例偏高。从孤立点的企业性质来看，192 个孤立点中非国有企业为 84 个，所占比例为 43.8%，稍高于总体样本构成中非国有企业所占比例 36.9%；在对应的 2009 年上海、广东两地剔除独立董事后的企业连锁董事关系网络拓扑结构图 2-4 中，与其他企业有 1 个以上直接关系的为 153 个，占样本总数的 39.9%。对应左侧孤立点的个数为 230 个，占样本总数的 60.1%。这些孤立点中，广东地区企业为 146 个，占孤立点总数的 63.5%，高于总体样本中广东地区企业所占比例 58.0%，表明孤立点中广东地区企业比例略高。从孤立点企业性质看，230个孤立点中非国有企业为128个，所占比例为55.7%，稍高于总体样本构成中非国有企业所占比例45.4%。

最后，分别对比分析图2-1和图2-3、图2-2和图2-4可发现，剔除独立董事后的连锁董事网络拓扑结构图中，除孤立点比全部董事构成的连锁董事网络多出1倍外，在网络拓扑结构图中均是由2—4个网络成员构成且彼此之间没有联系的各个局部网络，总体而言，企业之间的联结更加松散；另外，将上海地区与广东地区同是全部董事构成与剔除独立董事后的网络（上海、广东两地各自的全部董事构成、剔除独立董事后的网络拓扑结构图由于篇幅关系，文中没有给出）对照分析后可发现，上海地区企业间连锁董事更加广泛，彼此之间的联系也更紧密一些；而广东地区企业间连锁董事则相对分散。

第二节 基于个体层面的连锁董事关系网络

一 绝对度中心性的描述性统计分析

在连锁董事关系网络中，个体成员依据其在关系网络中的位置不同，会面临不同局限和机会，在网络中的位置越有利，其所面临的局限会越少，机会就越多，从而有更大的讨价还价的余地。那么如何界定"较有利的位置"并对其进行量化分析，社会网络分析中用"中心性"提供了科学、有效的解决方法。由于研究视角不同，用以刻画中心性的指标也不同，其中比较常用的有度中心性、居中中心性、接近中心性（刘军，2004）。度中心性使用与某节点直接相连的其他节点的个数测量网络图中某行动者与其他行动者发生交往关系的能力；居中中心性和接近中心性从"控制他人"与"不受他人控制"两个侧面刻画了一个行动者控制网络图中其他行动者之间交往的能力，它们依赖行动者与网络中的所有行动者之间的关系，而不仅仅是与相邻点之间的直接关系。这三类指标从三个不同视角测度了网络图中某节点的中心性。其中绝对度中心性[①]最简单、最直观反映企业间连锁董事关系的数量,所以首先选用绝对度中心性来刻画企业间连锁董事关系网络中各节点的属性。相应的描述性统计结果见表2-1。

表2-1　　2006年、2009年上海、广东两地关系网络的绝对度中心性比较

绝对度中心性	2006年 全部董事 频数（比例）	2006年 剔除独立董事 频数（比例）	2009年 全部董事 频数（比例）	2009年 剔除独立董事 频数（比例）
0	84 (26.8)	192 (61.1)	116 (30.3)	230 (60.1)
1	72 (22.9)	67 (21.3)	92 (24.0)	84 (21.9)
2	50 (15.9)	30 (9.6)	69 (18.0)	29 (7.6)
3	28 (8.9)	7 (2.2)	29 (7.6)	21 (5.5)
4	27 (8.6)	12 (3.8)	21 (5.5)	6 (1.6)
5	21 (6.7)	2 (0.6)	23 (6.0)	6 (1.6)
6	17 (5.4)	1 (0.3)	10 (2.6)	6 (1.6)
7	5 (1.6)	2 (0.6)	14 (3.7)	1 (0.3)
8	2 (0.6)	1 (0.3)	2 (0.5)	
9—14	7 (2.2)		7 (1.8)	
15	1 (0.3)			
合　计	314 (100.0)	314 (100.0)	383 (100.0)	383 (100.0)

首先,在上海、广东两地全部董事构成的连锁董事关系网络中,2006年与其他企业有连锁董事关系的有230个,占总样本的73.2%,其中拥有1个连锁董事关系的有72个,占总样本的22.9%。拥有2个连锁董事关系的有50个,占总样本的15.9%。拥有3个以上连锁董事关系的有108个,占总样本的34.4%。连锁

[①] 绝对度中心性是指与某行动者直接相连的其他行动者的个数,或者说以某节点的度来衡量其在社会网络中的中心性。

董事关系最多为15个；2009年与其他企业有连锁董事关系的有267个，占总样本的69.7%，其中拥有1个连锁董事关系的有92个，占总样本的24.0%。拥有2个连锁董事关系的有69个，占总样本的18.0%。拥有3个以上连锁董事关系的有106个，占总样本的27.7%。连锁董事关系最多为12个。

其次，在上海、广东两地剔除独立董事后的连锁董事关系网络中，2006年与其他企业有连锁董事关系的122个，占样本的38.9%，其中拥有1个连锁董事关系的有67个，占总样本的21.3%。拥有2个连锁董事关系的有30个，占总样本的9.6%。拥有3个以上连锁董事关系的有25个，占总样本的8%。连锁董事关系最多为8个；2009年与其他企业有连锁董事关系的153个，占样本的39.9%，其中拥有1个连锁董事关系的84个，占总样本的21.9%。拥有2个连锁董事关系的有29个，占总样本的7.6%。拥有3个以上连锁董事关系的有40个，占总样本的10.4%。连锁董事关系最多为7个。

总结归纳以上描述性分析结果，可以发现：第一，将上海、广东两地全部董事构成的连锁董事关系网络与剔除独立董事后的连锁董事关系网络相比较，前者网络图中有连锁董事关系的节点数，以及所有节点中的最大度数，均远远高于后者，说明因个人在多家企业兼职独立董事而引起的企业间关系在所有企业间关系中均占很大比例，因此独立董事是影响企业间建立连锁董事关系的重要因素之一。第二，2009年与2006年相比较，全部董事构成的连锁董事关系网络中，与其他企业建立有连锁董事关系的节点数占样本比例由2006年的73.2%下降到2009年的69.7%，且有连锁董事关系的节点中，连锁董事的数量普遍下降。剔除独立董事后的连锁董事关系网络中，与其他企业建立有连锁董事关系的节点数占样本比例基本持平，且有连锁董事关系的节点中，连锁董事的数量基本保持不变。说明2006—2009年，企业连锁董事关系的数量下降，且下降的主要原因是由于独立董事在多家企业董事会兼职的数量减少而引起。

二 不同属性节点间绝对度中心性的 ANOVA 检验

为了进一步对比分析连锁董事关系网络中不同属性节点的绝对度中心性之间有无显著性差异,我们对 2006 年、2009 年上海、广东两地全部董事构成的连锁董事关系网络中各节点绝对度中心性均值进行 ANOVA（方差分析）检验,结果如表 2 – 2 所示。

表 2 – 2　　　　2006 年、2009 年不同属性变量间绝对度中心性的 ANOVA 检验

年份	变量	属性	样本	均值	标准偏度	F	Sig.（双尾）
2006	地区	上海	147	3.15	2.800	46.372	0.000
		广东	167	1.44	1.527		
	性质	国有企业	197	2.73	2.512	24.105	0.000
		非国有企业	117	1.41	1.842		
	行业	制造业	172	1.93	2.022	6.705	0.010
		非制造业	142	2.62	2.692		
2009	地区	上海	161	2.58	2.770	19.806	0.000
		广东	222	1.56	1.676		
	性质	国有企业	209	2.61	2.566	52.659	0.000
		非国有企业	174	1.25	1.517		
	行业	制造业	186	1.68	2.025	7.033	0.008
		非制造业	197	2.28	2.422		

由表 2 – 2 分析结果可知：分地区来讲,2006 年全部董事构成的连锁董事关系网络 314 个节点中,上海地区为 147 个,广东地区为 167 个,前者所有节点的绝对度中心性均值为 3.15,后者所有节点对应指标均值为 1.44,前者显著高于后者;2009 年全部董事构成的连锁董事关系网络 383 个节点中,上海地区为 161 个,广东地区为 222 个,前者所有节点的绝对度中心性均值为 2.58,后者所有节点对应指标均值为 1.56,前者显著高于后者。2001—2009 年,虽然我国各地市场化水平有了不同程度的提高,但各地的经济发展有路

径依赖性。2001年（任兵等，2004）、2006年、2009年三个不同时点的分析数据表明，上海地区连锁董事数量均显著高于广东地区。中国经济改革研究基金会国民经济研究所2004年对中国各省、自治区、直辖市市场化相对进程年度报告中指出，广东的市场化相对程度排名第一，上海位居第四，前者的市场化程度显著高于后者。① 在市场化程度较低，制度化约束不健全情况下，借助于非制度化约束——连锁董事来增加企业间信任，就成为企业获取资源并实现发展的理性选择。

分性质来讲，2006年全部董事构成的连锁董事关系网络314个节点中，国有企业197个，非国有企业117个，前者所有节点的绝对度中心性均值为2.73，后者所有节点对应指标均值为1.41，前者显著高于后者；2009年全部董事构成的连锁董事关系网络383个节点中，国有企业209个，非国有企业174个，前者所有节点的绝对度中心性均值为2.61，后者所有节点对应指标的均值为1.25，前者显著高于后者。总之，国有企业连锁董事数量远远高于非国有企业。由于中国当前正处于经济转型时期，国有企业与非国有企业并存且均在经济发展中发挥着不可替代的作用。伴随着整个社会经济的快速发展，这两类企业均面临着制度环境不健全的约束，公司及管理当局不得不自己行使一些职能，如获取市场信息以及对相关法规的理解及契约的执行等。而国有企业与非国有企业相比，前者行政化的色彩更重一些。在社会再分配体制中，国家通过行政干预垄断了社会经济中很大一部分稀缺资源，国有企业特有的产权性质决定了其具有获取稀缺资源的相对优势。因此，与非国有企业相比，国有企业拥有较多的连锁董事，且对其他企业具有较强的控制力和影响力。

分行业来讲，2006年全部董事构成的连锁董事关系网络314个节点中，制造业企业172个，非制造业企业142个，前者所有节点的绝对度中心性均值为1.93，后者所有节点对应指标均值为2.62，

---

① 资料来源于http://www.ssme.gov.cn/node6/node22/200412/con29378.shtml。

后者显著高于前者；2009年全部董事构成的连锁董事关系网络383个节点中，制造业企业186个，非制造业企业197个，前者所有节点的绝对度中心性均值为1.68，后者所有节点对应指标均值为2.28，同样，后者显著高于前者。依据资源依赖理论，企业能否在激烈的市场竞争中立于不败之地，主要取决于企业获取与控制外部资源的能力（Aldrich and Pfeffer，1976；Aldrich，1979）。资源是约束企业发展的一个重要因素，企业为了避免资源获取的不确定性和限制而倾向于与其他相关企业建立连锁董事网络关系。因此，连锁董事是联系企业生存与发展所处的环境与外部资源的重要渠道（Burt，1983），通过建立连锁董事关系，企业之间可以互相利用资源、协调关系，获取信息，进而有利于企业经营效率与社会生产力的提高。与传统的制造业企业相比，非制造业企业经营所面临的外部环境具有更大的不确定性，作为应对不确定性和获取资源的手段，非制造业企业借助于连锁董事关系网络来实现企业的生存和发展。

最后，连锁董事作为企业间社会网络关系的主要形式，具有空间特性，并受空间因素影响。格林（Green，1980）首先考察了连锁董事的空间性，结果发现美国制造业的企业间连锁董事关系中，区域内连锁占主导地位。对上海、广东两地全部董事构成的企业间连锁董事关系网络进行细分可发现，2006年样本企业中本地连锁（即与本地企业建立的连锁）均值为2.06，非本地连锁（即企业与非本地企业建立的连锁）均值为0.18，对二者进行配对样本T检验后可知，本地连锁显著高于非本地连锁；2009年样本企业中本地连锁均值为1.74，非本地连锁均值为0.25，前者显著高于后者。因此，连锁董事具有空间特性这一说法在中国情境下得以证实。

第三节 基于整体层面的连锁董事关系网络

基于个体层面的网络研究仅以企业个体为中心分析在某一时点

直接与其相连的网络构成，没有考虑到企业连锁董事关系网络整体的宏观特征，而整体网络层次的研究则恰恰弥补了这一点，它是测量网络整体结构特征的最重要途径。整体网络的结构性指标很多，但研究的网络属性不同，所选用的度量方法也会不同。本书的连锁董事关系网络中，网络图中两个节点之间是否有连线，意味着这两个企业与企业之间是否建立了连锁董事关系，因此属于典型的无向图。测度无向图整体网络结构较常用的指标和方法有密度、中心势、平均距离、聚类系数以及核心—边缘分析（刘军，2004）。

为了对比分析 2006 年、2009 年全部董事构成的企业连锁董事网络与剔除那些因在两家或两家以上公司同时只担任独立董事而引起的连锁关系后形成的企业连锁董事网络整体结构差异，本书将企业间连锁董事按其年份以及样本构成不同划分为 2006 年、2009 年上海、广东两地"全部董事"和"剔除独立董事"四个关系网络，并通过运行 UCINET 软件得出各个网络的密度、点度中心势、居中中心势、接近中心势、平均距离、聚类系数等指标值，以及相应的核心—边缘分析结果，由于这四个关系网络中均有孤立点的存在，无法满足计算接近中心势"须是关联图"这一前提，故放弃该指标。对应四个不同企业间连锁董事关系网络的密度、点度中心势、居中中心势、平均距离、聚类系数等指标及分析结果如表 2-3 所示。同时，为了对比分析上海、广东两个地区各自的连锁董事关系整体网络特征以及发展趋势，我们将 2006 年、2009 年两个年度上海地区、广东地区各自全部董事构成的连锁董事关系网络以及剔除独立董事后的连锁董事关系网络，对应 8 个不同企业间连锁董事关系网络的密度、点度中心势、居中中心势、平均距离、聚类系数等指标及分析结果列示于表 2-4。

表 2-3　2006 年、2009 年上海、广东两地整体网络的结构性指标

指标	2006 年		2009 年	
	全部董事	剔除独立董事	全部董事	剔除独立董事
密　度	0.0072	0.0024	0.0052	0.0021

续表

指标		2006 年		2009 年	
		全部董事	剔除独立董事	全部董事	剔除独立董事
点度中心势		0.0410	0.0233	0.0263	0.0163
居中中心势		0.0925	0.0073	0.0728	0.0076
平均距离		6.3650	3.9910	6.0940	4.4520
聚类系数		0.4020	0.5300	0.3630	0.4590
核心、边缘分析	核心	73	118	309	119
	边缘	241	196	74	264

表 2-4　　2006 年、2009 年上海地区、广东地区各自网络的结构性指标

指标		2006 年上海地区		2009 年上海地区		2006 年广东地区		2009 年广东地区	
		全部董事	剔除独立董事	全部董事	剔除独立董事	全部董事	剔除独立董事	全部董事	剔除独立董事
密　度		0.0202	0.0065	0.0143	0.0062	0.0076	0.0021	0.0061	0.0020
点度中心势		0.0837	0.0489	0.0551	0.0317	0.0349	0.0162	0.0395	0.0162
居中中心势		0.1104	0.0223	0.0676	0.0173	0.0300	0.0002	0.0504	0.0001
平均距离		4.1170	3.8190	4.2710	3.6870	5.0110	1.2820	5.8920	1.1970
聚类系数		0.4450	0.5650	0.3610	0.4790	0.4290	0.4850	0.4190	0.5830
核心、边缘分析	核心	72	104	122	123	114	8	117	41
	边缘	75	43	39	38	53	159	105	181

密度是指一个网络图中各个节点之间联络的紧密程度，它是社会网络分析中最常用的一种测度工具。对于企业间关系网络而言，网络密度越大，意味着企业间关系越紧密，彼此之间的影响与依赖程度越大。由表 2-3、表 2-4 可知，与全部董事构成的连锁董事关系网络相比，上海、广东两地，上海地区，广东地区剔除独立董事后的连锁董事关系网络，其对应的密度值均远远小于前者。说明独立董事是连锁董事关系网络构成的重要组成部分；发展趋势上，与

2006年相比，2009年上海、广东两地，上海地区，广东地区全部董事、剔除独立董事后的连锁董事关系网络密度均呈下降趋势。说明随着时间的推移，企业间连锁董事关系网络趋于松散；与广东地区相比较，上海地区无论是全部董事构成网络还是剔除独立董事后的连锁董事网络，其密度值都较高，说明上海地区连锁董事网络成员之间的关系相对紧密，而广东地区连锁董事网络成员之间的关系则较松散。

中心势是指网络图的总体整合度或者一致性，本书又将其分为点度中心势和居中中心势。企业间关系网络的中心势越大，意味着网络构成中各个企业中心性之间的差异越大，继而造成有些企业在网络中权力较大，而有些企业在网络中处于较被动的地位。由表2-3和表2-4可知，与全部董事构成的连锁董事关系网络相比，上海、广东两地，上海地区，广东地区各自剔除独立董事后的连锁董事关系网络，其对应的点度中心势均明显小于前者，说明剔除独立董事后，各企业中心性之间的差异弱化；从发展趋势来看，2009年上海、广东两地，上海地区，广东地区全部董事、剔除独立董事后关系网络的点度中心势，与2006年相比，均呈下降趋势。说明随着时间的推移，企业间连锁董事关系网络中各节点中心性之间的差异也趋于弱化；与广东地区相比，上海地区无论是全部董事构成网络还是剔除独立董事后的连锁董事关系网络，对应年度的点度中心势都较高，说明上海地区连锁董事关系网络各节点中心性之间的差异性显著高于广东地区。对比分析居中中心性指标后，可以发现与点度中心势类似的规律，此处不再一一赘述。

平均距离表示网络中一个个体平均要经过多少个体才能与另一个个体建立联系，或者说任意两个个体之间交流所需经过的连线数。对于企业关系网络而言，平均距离越长，信息在企业之间传递与渗透所需的时间会越长。由表2-3和表2-4的分析结果可看出，与全部董事构成的连锁董事关系网络相比，上海、广东两地，上海地区，广东地区各自剔除独立董事后的连锁董事关系网络，对应的平均距离都大大缩小，说明剔除独立董事后，信息在连锁董事关系网络中传递时间更短、效率更高；从平均距离的发展趋势来看，总体而言，与2006年相比，2009年上海、广东两地，上海地区，广东地区全部董事构成和剔除独立董事后的对应平均距离呈缩小趋势，说明网络中有关系联结的企业间距离趋于缩小，信息在企业间传递效率趋于提高；与广东地区相比，上海地区全部董事构成的连锁董事关系网络，企业间平均距离低于广东地区，而剔除独立董事后，企业间平均距离高于广东地区。

聚类系数描述与同一个个体交往的另外两个个体间也交往的可能性大小，该指标从整体上反映了网络成员关系的稳健性。如果聚类系数越大，表明与单个企业直接相连的企业之间建立关系的可能性越大，继而整个关系网络就会越稳固。由表2-3、表2-4可知，与全部董事构成的连锁董事关系网络相比，上海、广东两地，上海地区，广东地区各自剔除独立董事后的连锁董事关系网络对应的聚类系数都有大幅提高，说明剔除独立董事后虽然企业间关系的数量减少了，但整个关系网络更加稳固；就发展趋势而言，与2006年相比，2009年上海、广东两地，上海地区，广东地区全部董事构成和剔除独立董事后的对应聚类系数总体上呈下降趋势；上海、广东两个区域性网络的聚类系数之间没有发现明显的规律。

核心—边缘分析是依据网络图中各个行动者所处位置来判断哪些行动者处于核心地位，哪些行动者处于边缘地位，这两类行动者都会对整个网络的形成、变迁与演进产生影响，但只有处于核心位置的行动者才能对整个网络具有较强的辐射能力和牵引力。2006年、2009年上海、广东两地，上海地区，广东地区全部董事和剔除独立董事后共计12个连锁董事关系网络，其核心—边缘企业的数量、属性构成各不相同，由于核心企业对整体网络中个体成员具有较大的辐射力和影响力，并牵引着整个网络模式的演进与变迁，这里重点分析核心企业中国有企业的构成比例，并将其与样本中国有企业的构成比例相比较，分析结果如表2-5、表2-6所示。

由表2-5、表2-6可知，就2006年、2009年上海、广东两地，上海地区，广东地区全部董事和剔除独立董事后的12个连锁董事关系网络而言，其核心企业中国有企业的所占比例均远远高于样本构成中国有企业的构成比例，说明关系网络中国有企业具有较强的辐射力和影响力，以国有企业为主导的核心企业主导着整个连锁董事关系网络的功能，并牵引着整个网络的演进模式。

表2-5 2006年、2009年不同连锁董事关系网络的核心企业中国有企业构成比例　　单位：%

年份	上海、广东两地		上海地区		广东地区	
	全部董事	剔除独立董事	全部董事	剔除独立董事	全部董事	剔除独立董事
2006	80.8	71.2	80.6	73.1	63.2	87.5
2009	61.2	72.3	72.1	65.9	56.4	75.6

表2-6 2006年、2009年不同样本国有企业构成比例　　单位：%

年份	上海、广东两地	上海地区	广东地区
2006	63.1	71.4	55.7
2009	54.6	68.9	44.1

第四节 连锁董事关系网络的演变特征与功能定位

一 2006—2009年上海、广东两地企业间连锁董事关系数量呈下降趋势

从网络拓扑结构图中孤立点的数量来看，2006年上海、广东两地全部董事构成的连锁董事关系网络中，与其他企业没有任何关系的孤立点的数量占样本总数的26.8%，而2009年对应的比例为30.3%；进一步地，2006年与其他企业有连锁董事关系的企业占总样本的73.2%，关系数量最多为15个，2009年与其他企业有连锁

董事关系的企业占总样本的69.7%，关系数量最多下降为12个。说明2006—2009年，企业连锁董事关系的数量普遍下降；最后，与2006年相比，2009年上海、广东两地，上海地区，广东地区全部董事、剔除独立董事后的连锁董事关系网络密度均呈下降趋势。说明随着时间的推移，企业间连锁董事关系网络趋于松散。连锁董事作为一种非正式制度安排，受制于企业所处环境。外部环境的市场化程度越低，机会主义产生的可能性越大，防范机会主义的成本也就越高。由于企业间关系网络中存在着大量信息流、资金流和声誉流，获取网络中的价值预期会对行动者产生约束作用，同时信任、声望和互惠的规范都会促使行动者重复性行为的发生，因此企业间网络关系可以有效防范机会主义，减少防范成本，填补市场治理的缺陷（周小虎，2005）。企业所处外部环境的市场化程度越低，不确定性因素越多，其交易活动过程中对企业间连锁董事关系这类的非制度安排的需求会越大，彼此间依赖性和协调性要求会越高，企业间关系存在的价值也就越大。因此，随着我国市场化程度的提高，企业间连锁董事关系所能发挥作用的空间会逐渐减少，具体表现为连锁董事关系数量趋于下降的同时，企业间关系联结也趋于松散。

二 因独立董事同时在多家董事会任职而形成的企业间关系是连锁董事关系网络的主要成因

首先，从网络拓扑结构图来看，与全部董事构成的连锁董事关系网络相比较，剔除独立董事后的连锁董事关系网络，除孤立点的个数较前者增长1倍以外，关系网络中各企业节点之间的联结也更加松散。

其次，从个体网来看，2006年、2009年上海、广东两地全部董事构成的连锁董事关系网络与剔除独立董事后的连锁董事关系网络相比较，前者网络图中有连锁董事关系的节点数，以及所有节点中的最大度数均远远高于后者。

最后，从整体网来看，2006年、2009年上海、广东两地，上海地区，广东地区全部董事构成的连锁董事关系整体网络密度明显高于对应的、剔除独立董事后的网络密度。

总之,连锁董事关系网络不同层面的分析结果一致表明,因个人同时在多家企业兼职独立董事是企业间连锁董事关系网络的主要原因。中国于2001年正式推出独立董事制度,各公司均积极按中国证监会《关于发布〈关于在上市公司建立独立董事制度的指导意见〉的通知》中要求的比例与任职条件等来设立独立董事,由于邀请知名人士坐镇董事会,在满足指导意见要求的同时,又可以给公司带来各种资源,并且可以向外界传递组织积极承担社会责任的信息,所以各公司纷纷邀请知名专家、学者以及业界精英担任独立董事。而在中国现实社会中,社会名流供给有限,必然会引起个体成员同时在多家董事会任职现象。

三 与非国有企业相比,国有企业在连锁董事关系网络中居于较中心的位置,主导着整个连锁董事关系网络

从上海、广东两地2006年、2009年全部董事构成和剔除独立董事后的四个连锁董事关系网络拓扑结构图来看,孤立点构成中,非国有企业所占比例均远远高出样本构成中非国有企业的比例;从个体网来看,将连锁董事关系网络中按节点性质不同划分为国有企业与非国有企业后,2006年、2009年两组样本的绝对度中心性之间均有显著性差异,且前者显著高于后者。说明与非国有企业相比,国有企业拥有较多数量的连锁董事,且在关系网络中处于较中心的位置;进一步地,从整体网来看,2006年、2009年上海、广东两地,上海地区,广东地区全部董事和剔除独立董事后的12个连锁董事关系网络中,其核心企业构成中国有企业所占比例均远远超出样本构成中国有企业的构成比例。总之,国有企业在连锁董事关系网络中处于较中心的位置,且对其他企业具有较强的控制力和影响力。之所以出现这种现象,主要是由于中国当前制度化约束不健全,通过正常渠道获取稀缺资源不仅需要较高的成本,而且缺乏成功的保障。高成本、高风险促使企业寻求稳妥、可靠的捷径。而企业间不同形式的各种联系确实能为企业带来可观的关系租金和竞争优势(Dyer,1996)。这样就促使企业通过建立连锁董事这种社会

网络关系,以有效地获取外部资源并将之与企业内部资源进行整合,从而提高企业的竞争优势。中国正处于从计划经济向市场经济过渡时期,大量的国有企业与非国有企业并存。在社会再分配体制中,国家通过行政干预垄断了社会经济中很大一部分稀缺资源,国有企业特有的产权性质,决定了其具有获取稀缺资源的相对优势,其他企业出于自身利益的考虑,倾向于与国有企业建立连锁董事关系。

四 与上海地区相比,广东地区企业间连锁董事关系网络趋于松散

从不同年度、不同构成的连锁董事网络拓扑结构图来看,孤立点中广东地区企业所占比例均显著偏高;基于个体网的分析中,如果将连锁董事关系网络中节点按样本来源不同划分为广东地区和上海地区的话,则2006年、2009年上海地区所有节点的绝对度中心性均值都显著高于广东地区;基于整体网的分析中,与广东地区相比较,2006年、2009年上海地区无论是全部董事构成网络还是剔除独立董事后的连锁董事网络,其密度值都较高,说明上海地区连锁董事网络成员之间的关系相对紧密,而广东地区连锁董事网络成员之间的关系则较松散。这一研究结果与任兵等(2004)对2001年上海和广东两地上市公司考察得出的结论基本一致。[①] 由于中国正处于从计划经济向市场经济转型的过渡时期,经过近三十年的市场化改革,中国经济保持了高速增长,经济实力显著增强。但各地市场化进展程度很不均衡,中国经济改革研究基金会国民经济研究所2004年对中国各省、自治区、直辖市市场化相对进程年度报告中指出,广东的市场化相对程度排名第一,上海位居第四,前者的市场化程度要显著高于后者。而连锁董事作为一种非正式的制度安排,受制于企业所处环境,外部环境的市场化程度越高,企业生产要素和产品的获取、交易很大程度上就越由市场提供和决定,企业

---

① 任兵等(2004)研究结果表明,上海地区企业连锁董事网络的形成很大程度上镶嵌于广泛而紧密的社会、经济关系之中,而广东地区企业间离散的、小型的连锁格局很大程度上与其依据于市场的经济运作模式相关。由于广东的企业更多地依赖市场实现企业的相关战略,企业间的非经济关系诸如企业间的连锁董事网相对简单和缺省。

上　篇

董事会资本对董事会治理效率与企业绩效的影响

第三章 董事会资本、董事会治理效率与企业绩效文献综述

第一节 董事会资本与董事会治理效率研究述评和展望

董事会资本由人力资本和社会资本构成,用以衡量董事会为企业提供资源的能力(Hillman and Dalziel, 2003)。董事会资本可以提高董事会影响力和独立性,加强对经理层的监督和对企业战略制定与执行的控制力(Lincoln and Adedoyin, 2012;Abdullah, 2013);可以带来想法、认知、经历、商业知识和董事会决策制定的多元化,有利于董事会对企业外部复杂环境做出更清晰的判断以及创新思维的形成(Luckerath – Rovers, 2013);可以加强企业与外部环境的联系,有助于企业对技能、商业契约、声誉和合法性等关键资源的获取,并为企业创造相对优越的制度环境(Michele and Rosa, 2012;Arnegger et al., 2013;David et al., 2013)。因此,董事会资本有利于董事会治理效率的提高和企业绩效的改善(Finkelstein et al., 2009)。基于董事会资本在企业发展中的重要地位,国外学者从不同研究视角、使用不同方法对董事会资本效果进行了探讨,但是国内相关文献研究成果鲜见。本篇对现有董事会资本对董事会治理效率影响研究进行了梳理,对董事会资本的内涵、董事会资本构成中人力资本、社会资本对董事会监督与资源提供职能发挥等治理

效率影响等方面的研究成果进行了综述，以期为我国董事会资本理论研究的完善与发展以及董事会治理效率的提高等相关实践提供智力支持与经验借鉴。

一 董事会人力资本与董事会治理效率

为了提高董事会治理效率，董事会必须由拥有特定人力资本和社会资本的董事构成（Hillman and Dalziel，2003；Finkelstein et al.，2009）。与传统侧重董事会规模、董事会独立性和董事会激励机制等董事会治理效率方面的已有研究相比，以资金、知识、信息、技能等各种资源获取能力为研究主体的董事会资本相关成果更好地揭示与诠释了在相同背景下（董事会规模、董事会构成、激励机制）董事会治理效率截然不同的深层原因（Westphal and Fredrickson，2001；Hillman，2005）。近年来，学者们围绕董事会人力资本、社会资本对董事会治理效率的影响展开了广泛探讨。

苏灵等（2011）发现，上市公司董事成员的银行背景可以给企业带来银行贷款方面的融资便利。对规模越小、成长速度越快、固定资产越少的高风险企业来说，董事银行背景所带来的银行贷款融资便利效应越强；刘浩等（2012）以银行背景独立董事这一特定人群为研究对象，利用沪、深两市2001—2008年数据进行实证研究后发现：银行背景独立董事资源提供职能发挥较为明显，具体表现为企业信贷融资的明显改善，但其监督职能没有显著变化，甚至较其他独立董事更弱。并且，在金融市场不发达地区和银根紧缩时期，银行背景独立董事的资源提供职能优势尤为明显。因此，独立董事职业背景方面的人力资本优势有利于促进董事会资源提供职能的改善，对监督职能则没有显著影响。

Agrawal 和 Knoeber（2001）研究表明，受政府影响较大的企业（例如被列入政府采购项目、与政府有合作贸易、向政府游说可能取得有利经营环境等），其董事会成员中具有政府背景的独立董事较多。对应地，如果因环境污染治理、经营垄断等与政府相关规定相悖或难以协调时，企业通常会引入具有法律背景的独立董事，以帮助企业分析政策变化并制定有效应对外部环境的战略决策。科尔斯等（Coles et al.，2008）通过实证发现，跨行业多元化、规模庞大、资产负债率高的企业通常有更多的资源提供需求，因而在董事会中增加拥有相关经验和专业知识的外部董事有助于这类企业董事会治理效率的提高。

以上研究主要集中于董事成员职业背景、专业知识等人力资本特征对董事会监督与资源提供职能的影响，Berghe 和 Baelden（2005）提出相对于董事个体特征，董事会群体的动态性、构成的异质性以及成员之间的信任合作关系对董事会职能发挥与治理效率提高的影响作用更大。Wan 和 Ong（2005）对新加坡上市公司299名董事进行问卷调查与深度访谈后发现，董事会监督与资源提供等职能的发挥水平取决于董事个人掌握的信息与资源。董事会构成的异质性越强，来自不同专业领域的知识与信息越多，越有利于董事会监督职能的行使；同时董事会知识、技能等人力资本构成方面的异质性越强，董事所掌握以及能够获取不同来源的资源的数量与种类会越多，因此有利于董事会资源提供职能的发挥。进一步地，李国栋（2012）提出，董事会与经理层成员职能背景的互补性是促进"友好型"董事会发挥资源提供职能部门的重要实现路径。

二　董事会社会资本与董事会治理效率

（一）董事会内部社会资本与董事会治理效率

董事会内部社会资本主要源自两个方面：一是董事会成员之间，二是董事会与经理层之间。已有研究主要集中于源自董事会与经理层之间的内部社会资本对董事会治理效率的影响。Fracassi 和 Tate（2012）提出，独立董事与CEO之间基于同学、校友等社会关系而建立的信任使独立董事难以保持真正独立并有效履行监督职能。主要原因是：一方面，处于同一社会关系中的个体具有相似的偏好、信念和价值观，从而使他们的行为具有趋同性；另一方面，他们基于共同准则会形成一定的利他倾向，个体行为受群体共同利益的影响。刘诚、杨继东（2013）根据独立董事与CEO之间是否存在社会关系，将独立董事划分为名义独立董事与实际独立董事，并基于CEO被迫离职，考察了独立董事的监督功能。研究发现，名义独立董事占比与 CEO 更替——绩效敏感性无关，实际独立董事占比的提高则增强了 CEO 更替——绩效敏感性，而且 CEO 离职后公司绩效显著上升。表明实际独立董事能够有效监督 CEO，而与 CEO 存在社会关系的灰色董事却成了 CEO 的"保护伞"。总之，源于董事会与经理层关系的内部社会资本不利于董事会监督职能的有效发挥。

代理理论视角下董事会与经理层之间为对立关系，该理论侧重于董事会的监督职能，而资源依赖理论视角下董事会与经理层之间是友好合作关系，该理论侧重于董事会的资源提供职能（Adams and Ferreira，2007）。换言之，董事会与经理层之间的对立关系有利于董事会监督职能的发挥，两者之间的友好合作关系则有利于资源提供职能的发挥。因此，董事会的监督职能与资源提供职能彼此冲突且不相容。亚当斯等（Adams et al.，2007）基于策略信息传递模型，假设董事会获取私有信息依赖于 CEO 的信息披露，将董事会的监督职能定义为董事会控制项目选择权的概率，将资源提供职能定义为董事会向 CEO 的信息传递，研究结果表明，董事会独立性的降低（友好型董事会）可以诱使 CEO 揭示信息，CEO 的信息揭示尽管有助于董事会资源提供职能的发挥，同时也会导致董事会提高监督强度，从而增大 CEO 失去项目选择权的风险，进而会抑制 CEO 的信息揭示动机；Zhang（2013）构建用以解决上市公司董事会功能冲突的理论模型并进行了实证检验。通过设立董事与 CEO 之间的关系风险这个变量，将董事会监督与资源提供两个看似矛盾的职能相融合，提出用以减少关系风险的两种机制：一是董事相对于 CEO 的权力；二是董事对 CEO 的信任。运用这两种机制可使董事会同时有效履行监督与资源提供职能。

（二）董事会外部社会资本与董事会治理效率

已有研究主要集中于董事会外部社会资本中连锁董事关系网络对董事会治理效率的影响。

首先，连锁董事关系网络有利于董事会监督职能的行使，进而提高董事会治理效率。具体而言，可从监督动机和监督能力两方面理解（陈运森等，2011）。一方面，董事在连锁董事关系网络中的

第三章 董事会资本、董事会治理效率与企业绩效文献综述

位置影响其监督动力。由于在连锁董事关系网络中所处的位置直接影响董事声誉和非正式影响力的获取（Kraekhardt，1992），因此董事在连锁董事关系网络中越处于中心位置，越能够获取有关治理行为的资源、信息和知识，进而积累的个人声誉及声誉价值越高。出于声誉考虑，声誉越高的董事越有动机对经理层实施监督（Yermaek，2004）。另一方面，董事在连锁董事关系网络的位置影响其监督能力。由于董事监督职能的行使除监督动力外，还取决于其独立于经理层的监督能力。在连锁董事关系网络中居于核心位置的董事，拥有更多的非正式权力和影响力，这些董事受制于经理层各种威胁的可能性较小，实施监督的客观能力较强。同时在连锁董事关系网络中居于核心位置的董事拥有的董事声誉，使其拥有更多在其他企业董事会兼职的机会，因此不会过分担心得罪经理层而失去董事职位。另外，在连锁董事关系网络中的核心位置有助于董事获取各种信息资源，资源优势使董事更有能力对董事实施有效监督（Armstrong et al.，2010）。已有相关实证研究结果也为上述分析提供了支撑：陈运森等（2011）提出并证实独立董事在连锁董事关系网络中的中心度越高，越有助于抑制经理层投资过度与缓解公司投资不足等问题；戴维等（David et al.，2013）提出董事会功能之一是决定企业财务披露的广度和深度，董事会资本越高，企业向投资者披露的会计信息质量越高；Yunsen Chen 等（2014）发现连锁董事关系网络有助于独立董事抑制控股股东掏空行为，因此在董事会治理中有重要意义。

其次，连锁董事关系网络有利于董事会资源提供职能的行使，进而提高董事会治理效率。基于董事会在公司治理中的核心地位，连锁董事关系网络中具有大量行业发展、市场状况、规则变化以及其他主要的经营信息，这些信息在关系网络中传播。连锁董事数量越多，则企业在关系网络中就越处于核心位置。相应的，董事会可以更高效地搜索并获取相关信息，进而在战略决策制定中具有相对优势；同时，来自不同企业、不同行业的董事，基于其决策经历和技能经验的不同，所用到的信息和对信息的解释也各不相同，他们

把这些不同的决策方式、方法和对信息的不同解释带入公司的决策与监督中，必定可以提高董事会决策质量并获取超额收益（David et al.，2013）。

我国正处于转型经济时期，与成熟的市场经济相比，根本差异在于制度体系的发达程度不同。如果说在成熟市场经济条件下，企业间网络关系只是对正式制度的补充，那么在转型经济情况下，企业间网络关系则是不健全正式制度的一种替代并起主导作用（朱秀梅等，2011）。基于董事个人在两家或两家以上企业董事会任职而引起的企业间连锁董事关系，作为企业间网络关系的重要表现，不仅是一种替代制度化约束的形式，而且是企业更便利、更有效地获取发展所需资源的方式与手段：首先，借助于连锁董事关系网络的边界扫描功能，网络中的成员企业可以快速、准确地识别潜在的资源所有者。其次，基于企业间信任而建立的连锁董事关系，有利于企业以较低成本获取资源（段海艳，2012）。企业对连锁董事关系网络中各种资源的搜索与获取效率取决于其所拥有的关系数量。与其他企业建立的关系数量不同，其所占据的资源以及对其他企业的控制力和影响力也不同。一般而言，与其他企业建立有较多直接联系的企业，可选择的资源途径和拥有的机会较多，相对而言能更容易地在企业间连锁董事关系网络中找到最便捷的资源供给方，从而能够以最有效的方式获取它们并加以整合，使之服务于企业自身利益。因此，在连锁董事关系网络中，企业拥有的连锁董事数量越多，其外部资源获取能力越强。已有研究表明，连锁董事关系网络有助于董事会、经理层与重要股东和重要伙伴建立与保持良好关系，进而增加公司获取有价值资源的机会（Hillman et al.，2003）。连锁董事关系网络是企业间交换信息与共享知识的有效渠道，有利于企业获取借贷资本（Michele and Rosa，2012）、能够加强董事与外界环境沟通与联系的同时，提升连锁董事拥有的人力资本与社会资本以及资源相应获取能力（Yasemin and Chamu，2009）。Armstrong等（2010）进一步指出，不同类型的、在连锁董事关系网络中处于不同位置的董事所掌握的信息、知识和经验的广度、深度以及有用性是有区别的。内部董事由于在公司内部担任行政职务，是公司管理层的一部分，其知识结构和经验跟公司其他经理层成员类似，所以能够提供的资源有限且有较强同质性；独立董事在其他组织或更多公司中任职，由于其具有的与内部董事及经理人不一样的知识结构、信息和经验等，所能够提供的资源具有较强异质性，因此独立董事更有助于董事会资源提供职能的发挥以及董事会治理效率的提升。

三 研究述评与展望

首先，研究的理论支撑体系单一。代理理论视角下董事会与经理层之间为对立关系，侧重于研究董事会监督职能；而资源依赖理论视角下董事会与经理层之间是友好合作关系，侧重于研究董事会资源提供职能。由于两大理论的前提假设彼此冲突且不相容，已有文献多是基于代理理论或资源依赖理论，探讨董事会资本对董事会治理效率的影响。既然董事会监督与资源提供职能都服务于董事会治理效率，其中任何一种职能的履行都有助于董事会治理效率的提升，那么这两大职能是否存在互补或替代关系？如何突破现有研究的局限，将代理理论与资源依赖理论纳入同一个研究框架中，探寻有效发挥董事会监督与资源提供职能的协调机制，从不同层面为董事会治理效率的改善提供支撑？这些均是当前亟待解决的、极为重要的现实课题。

其次，已有研究忽略了董事会监督与资源提供等职能行使的需求、动机和条件。综观上述董事会资本与董事会治理效率相关研究成果，主要围绕董事会资本对董事会监督与资源提供职能的影响展开。如果说人力资本和社会资本是董事个人能力的体现，那么董事履行监督与资源提供职能，不但受个人能力的影响，而且受董事履行相关职能的动机的制约。如何构建有效的激励机制，使一些有能力而没有动力实施监督与资源提供职能的董事，愿意花费时间和精力来发挥能力并为企业服务的同时，能够保持履行监督职能必需的"独立性"。另外，董事有效履行监督与资源提供职能，不但受到董事个人能力、动机的影响，而且还受到客观条件的制约。现实中很多董事处于有意愿、有能力但却无法履行职能的困境。如何将产业经济学中 SCP（Structure – Conduct – Performance，结构—行为—绩效）模型运用到管理学研究领域，在探讨人力资本和社会资本等董事会资本构成对董事会治理效率影响的基础上，将行为需求、行为动机和行为条件引入董事会资本与董事会治理效率的分析框架，进而分析它们对董事会治理效率的综合效果，以全面、深入认识董事会资本功能发挥的条件和制约因素的同时，为促进董事会治理效率提供参考。

再次，源于董事之间关系的内部社会资本对董事会治理效率影响研究相对空白。董事会资本由人力资本和社会资本构成，其中董事会社会资本包括内部社会资本和外部社会资本，已有文献过于关注源于董事与经理层之间的内部社会资本，而忽略了源于董事之间关系的内部社会资本。如何界定并量化因董事之间的关系而构建的董事会内部社会资本，以全面考察董事会资本对董事会治理效率的影响。董事会人力资本、内部社会资本和外部社会资本各自发挥作用的空间与路径是否相同以及彼此之间是否存在互补与替代关系？不同行业、不同区域、不同性质和不同发展阶段的企业对董事会资本的内在需求是否存在差异？差异产生的根源和条件是什么？

最后，中国情境下董事会资本与董事会治理效率研究相对匮乏。我国正处于经济转型时期，董事会监督功能的"法治"特征较强，而资源提供职能的"人治"特征较强（陈灿等，2006），那么在中国特定制度背景下，董事会监督与资源提供职能的有效履行各自存在哪些制约条件？董事会由内、外部董事构成，对外部独立董事而言，他们一般不在公司任职，投入公司事务中的时间和精力相对有限，因此与内部董事相比，天然的信息劣势使他们无法有效行使监督职能（陆智强等，2012）；同时，在中国特定情境下，相对于内部董事，独立董事的网络特征更明显（陈运森等，2012）。因此内部董事的资源获取职能行使受到限制。那么不同类型董事的不同人力资本和社会资本在董事会监督与资源提供职能履行过程中发挥的作用有无差异，差异产生的深层原因是什么？董事会监督与资源提供职能如何对董事会治理效率产生影响，两大职能对董事会治理效率影响是相互促进的关系，还是替代关系，哪种职能对董事会治理效率的影响更显著？不同类型企业、不同发展阶段的企业对董事会资本的需求受到哪些因素的影响？如何根据企业的内在需求搜寻具有恰当资本的董事，如何建立有效激励约束机制，使董事有能力、有意愿、有条件发挥监督与资源提供职能，并提高董事会治理效率？如何正确引导董事个人与董事会资本的集聚，进而为董事会治理效率提供支撑的同时，又能对企业与董事个人的不当行为加以规范？这些都是在中国情境下亟待解决的现实课题。

第二节　董事会资本与企业绩效

资源依赖理论认为，资源是约束企业可持续发展的一个关键因素。企业能否在激烈的市场竞争中立于不败之地，主要取决于企业获取与控制外部资源的能力（Aldrich，1979）。董事会成员拥有丰富、多元化的专业知识、技能和工作经验以及内外部社会关系等，构成了董事会资本并可为企业提供金融、知识、信息等各种有形与无形资源，同时还可以提高企业外部资源获取能力并减少对外部环境的依赖性。基于董事会在公司治理中的核心地位，以及董事会资本在企业资源获取过程中发挥的重要作用，学者们使用董事教育水平（Boivie，Jones and Khanna，2008；Westphal and Milton，2000）、先前企业工作经验（Walters，Kroll and Wright，2008）、任职年限（Rutherford and Buchholtz，2007）等人力资本指标和人力资本异质性（Collin，2013）等代表董事会人力资本，使用董事内外部关系网络以及这些关系的质量（Stevenson and Radin，2009）等代表董事会社会资本，从人力资本和社会资本两个维度就董事会资本对企业绩效的影响展开全方位探讨。

一 董事会人力资本与企业绩效

（一）董事会人力资本构成与企业绩效

董事会由董事个体构成，董事个人的年龄、教育背景、任职年限和职业背景等人力资本会影响董事认知、行为和决策制定，进而影响企业绩效（Forbes and Milliken，1999）。

年龄。年长董事更不愿实施变革，相对年轻的董事通常与较大的战略变革相关（Ahn and Walker，2007）；而普拉特夫妇（Platt and Platt，2012）发现董事会成员平均年龄越大，所拥有的宝贵经验使企业破产概率越低。因此，年龄是一把"双刃剑"，使董事拥有较多宝贵经验的同时风险规避程度也较高（Platt and Platt，2012）。

教育背景。董事教育背景研究主要包括教育水平和所毕业院校的声誉两个方面。有些学者发现董事教育背景与企业价值无关（Rose，2007），有些学者则发现二者之间正相关（Kim and Lim，2010）；进一步地，学者们对董事教育背景与企业创新绩效的关系展开了探讨，达尔齐尔等（2011）发现外部董事的受教育水平与企业研发投入负相关，而毕业于常春藤联盟院校的董事数量与企业研发投入正相关。类似的，Wincent、Anokhin 和 Ortqvist（2010）发现具有本科及以上学历的董事数量正向影响企业创新绩效。

组织任期。董事任职时间越长，他们拥有的与特定企业相关的技能以及与经理、股东等相关者的关系都会发生变化，继而影响企业绩效。如外部董事平均任期与企业销售增长率正相关（Kor and Sundaramurthy，2009）；Kosnik（1990）发现，董事平均任期与企业对绿票讹诈的抵抗力正相关；希尔曼等（2011）则发现，任职时间越长，外部董事对经理层实施监督的效果越差。

职业背景。首先，董事对所处行业的熟悉程度影响其信息处理能力以及对董事会的影响力，并对企业绩效产生积极影响。董事行业工作经历与企业销售增长率正相关（Kor and Sundaramurthy，2009）、与并购或 CEO 更迭后股票市场反应正相关（Walters，Kroll and Wright，2008；Tian，Haleblian and Rajagopalan，2011）。其次，董事的 CEO 工作经历有利于其更好地履行监督与资源提供等董事会职能。有 CEO 工作经历的人员被任命为董事时，企业股票市场反应为正（Fahlenbrach, Low and Stulz, 2010）。普拉特夫妇（2012）发现，与破产企业相比，非破产企业董事会具有较多的内部董事。最后，具有新创企业工作经历的董事有丰富的融资和企业运作经验，董事会中这类董事人员比例越高，对经理层实施变革的可能性越大（Boeker and Wiltbank, 2005），公司治理效率越高（Filatotchev, Wright and Arberk, 2006）。如果董事会中至少有一位新创企业工作经历的董事，就可以显著提高企业 IPO 后的财务绩效。进一步地，李国栋（2012）就董事会职能背景特征对多元化企业经营绩效的影响进行了理论分析与实证检验，结果表明董事会与经理层成员职能背景的互补性是促进"友好型"董事会发挥咨询职能与提高企业绩效的重要实现路径。

此外，针对独立董事在董事会治理与企业资源获取等方面发挥的重要作用，学者们特别就独立董事人力资本与企业绩效关系进行了研究，并发现独立董事某些人力资本特征有利于提升企业绩效。已有研究包括：卡彭特和韦斯特法尔（Carpenter and Westphal, 2001）提出，独立董事一般来自会计事务所、律师事务所、高校等，或曾任职政府部门。一方面，独立董事的政府工作背景可以为公司提供可靠的外部信息，从而降低经营环境的不确定性；另一方面，独立董事多为社会知名人士或某一领域的专家，借助其专长、工作经验或技能，有利于企业与外部环境建立与保持联系，并有效降低公司与外界联系的交易成本。同时，由于很多独立董事还是其他企业的高管，因此他们所拥有的信息和经验有利于提高董事会战略决策的科学性与合理性（Westphal and Stern, 2007）。唐雪松等（2012）发现，独立董事辞职时企业价值会显著下降，而不同背景独立董事辞职对企业价值下降的影响程度不同。其中学历较高、具有政府官员或企业高管背景的独立董事辞职时，企业价值下降幅度较大。年龄较大、具有学者背景或非会计类财务背景的独立董事辞职时，企业价值下降幅度较小。

需要注意的是，并非所有独立董事人力资本特征都会对企业绩效有积极影响。赵昌文等（2008）发现，家族企业中独立董事的政治背景、学术背景、行业专长以及国际背景等均有利于企业价值的提升，而独立董事的性别、年龄、学历、会计师或律师从业资格、社会声誉以及银行从业经验等则对企业价值的影响不显著。张俊瑞等（2010）选取2006年中国中小板块上市公司为样本，对独立董事背景与企业价值之间的关系进行了实证检验，结果发现：独立董事受教育程度、工作生活环境等的趋同性与企业价值之间显著正相关，独立董事的个体属性如性别、年龄、学历、职称、任期以及多元董事席位等与企业价值之间关系不显著。

（二）董事会人力资本异质性与企业绩效

董事会作为一个由不同董事成员构成的群体，董事人力资本之间的异质性可能比董事个体人力资本特征更重要，更有可能影响企业经营绩效（Berghe and Baelden, 2005）。

1. 性别异质性

卡塔利斯特（Catalyst, 2004）考察了美国上市公司中女性董事比例与企业财务绩效之间的相关性，结果发现，在控制了行业和公司差异后，董事会构成的性别异质性与企业财务绩效之间确实存在一定的相关性。性别异质性较高的董事会可以更好地履行监督职能。但是性别异质性与公司绩效之间负相关，主要原因是过度监督反而不利于企业绩效的改善（Adams and Ferreira, 2009）；性别异质性较高的董事会矛盾与冲突较少，更有利于董事之间的交流与合作（Nielsen and Huse, 2010）。波斯特等（Post et al., 2011）进一步提出，董事会中3名女性董事是对企业绩效产生正向影响的阈值。

2. 年龄异质性

一般来说，年龄较大的董事出于维护既得利益、职业稳定性以及风险规避等考虑，倾向于采取相对保守的战略决策；而年龄相对年轻的董事具有较强的冒险精神和创新意识，有助于相对激进的战略决策的形成。因此，年龄异质性较大的董事会，常常具有较强的认知冲突，有利于董事会从不同视角对战略决策做出更全面、更科学的判断。Kim 和 Lim（2010）发现，董事会成员年龄异质化程度越高，使用托宾 Q 度量的企业价值越高。魏立群等（2002）指出，在企业管理水平相对滞后的现实背景下，高管团队成员之间尽可能地减少摩擦并快速决策有利于把握稍纵即逝的商业机会，继而有助于企业绩效的提升。年龄构成异质性较强的高管团队，很难短时间内达成一致并迅速形成决策。类似的，凌定胜（2008）发现，董事会中独立董事年龄异质性对企业绩效有不显著的负向影响。可能的原因是不同年龄段的独立董事，其处世方式、思考问题所关注的焦点等方面均存在较大差异，这些差异可能导致彼此之间无法进行有效的思想交流与信息沟通。

3. 背景异质性

安德森等（Anderson et al.，2011）使用 6 个人口统计学特征和职业背景来测度董事会异质性发现，董事会异质性水平越高，企业经营绩效越好。主要原因有三：首先，董事背景异质性可以提高董事会的独立性，加强对经理层的监督，继而提高企业绩效（Lincoln and Adedoyin，2012；Abdullah，2013）；其次，董事会背景异质性可以带来想法、认知、经历、商业知识和董事会决策制定的多元化，这些有利于对企业外部复杂环境做出更清晰的判断，同时认知能力的异质性有利于创新思维的形成，因此有助于董事会高效决策（Luckerath - Rovers，2013）；最后，董事会背景异质性可以加强企业与外部环境的联系，有助于企业对技能、商业契约、声誉和合法性等关键资源的获取（Arnegger et al.，2013）。

其他方面异质性。西姆金斯和辛普森（Simkins and Simpson，2010）以美国主要企业为样本，发现董事会种族异质性与企业财务绩效之间没有显著关系；科林（Collin，2013）考察了董事会种族异质性和性别异质性与企业股票市值之间的关系，研究发现董事会异质性与股票市值正相关，并且与性别异质性相比，种族异质性对股票市值的影响更大；Byoun 等（2012）提出，董事会异质性较高的企业更有可能发放股利，以避免自由现金流问题；金等（Kim et al.，2013）使用政治捐款数量来测度内、外部董事以及 CEO 政治意识形态的差别，考察了董事会政治意识形态的异质性是否影响企业绩效。结果显示当外部董事的政治观点不同于经理层时，他们对经理层的监督更有效。董事会政治观点的异质性可以降低代理成本、减少内部人在公司的政治行动委员会（PAC）支出方面的自由裁量权进而提升企业绩效。

二 董事会社会资本与企业绩效

（一）董事会内部社会资本与企业绩效

董事会内部社会资本主要表现为两个方面，一是董事会成员之间的关系，二是董事会与经理层之间的关系（Fischer and Pollock，2004）。国内外学者主要围绕董事会与经理层之间关系对企业绩效的影响展开研究。

因董事会与经理层之间的信任与合作关系而建立的董事会内部社会资本可以影响董事会建议与资源获取职能的行使（Rhee and Lee，2008），这种董事会内部社会资本与董事会战略决策相关的建议与咨询水平正相关。主要原因是与经理层有较强亲密合作关系的董事对企业战略制定更关心（Westphal and Bednar，2005），对董事会的影响力更大（Stevenson and Radin，2009）。因此，这种董事会内部社会资本有利于企业绩效的改善；但是董事与经理层之间的信任与合作关系不利于保持董事会独立性以及监督职能的行使。Hwang 和 Kim（2009）发现，与外部董事和经理层之间有社会联结关系的董事会相比，相对独立的董事会可以更有效地实施监督，董事会和经理层之间的强联结关系会降低企业价值（Fracassi and Tate，2012）。进一步地，Adams 和 Ferreira（2007）提出，基于董事与经理层之间的信任与合作关系，经理层愿意与董事会共享企业经营的内部信息，真实、充分的信息有助于董事会提供更好的咨询建议和战略决策；但与此同时，信息共享也为董事会监督职能的行使提供了便利。出于自身利益的考虑，处于两难境地的经理层通常会选择不过度披露信息。因此，过度强调董事会独立性，不利于董事会与经理层之间信任关系培育的同时，有可能导致经理层隐瞒信息、拒不上报，董事会因此失去判断力，反而会制约董事会监督职能的行使以及企业整体绩效的改善。

(二) 董事会外部社会资本与企业绩效

作为董事会外部社会资本最重要的一种表现形式，连锁董事已成为全球范围企业经济活动中的普遍现象，并已逐渐成为经济、管理、社会等学科领域广为探讨的社会经济问题。段海艳等（2008）对中国上海、广东两地 314 家上市公司连锁董事进行分析后发现，与其他企业有连锁董事关系的企业占总样本的 73.2%；Heemskerk（2013）发现，2005—2010 年欧洲企业间连锁董事呈上升趋势，并已成为企业家们联手应对金融危机新的模式选择。

连锁董事在现实中的广泛存在并非偶然，作为一种有益的组织机制（Fich and White, 2005），连锁董事有助于企业获取声誉、资金、知识等关键资源进而为企业经营绩效的改善提供支持。首先，连锁董事是因董事个人同时在多家企业董事会任职而形成的关系网络。如果董事能够在多家企业董事会任职，本身就是董事资本"高质量"的外在表现，是一种声誉资本。董事会中这种董事数量的增加，有利于提高董事会效率并提高企业价值（Ferris et al., 2003）。其次，连锁董事个人可以为企业提供一种替代性经验，例如与发生过私人股本交易的企业建立有关系联结的董事，增加了核心企业采取私人股本交易的可能性（Stuart and Yim, 2010）；与成功向中国市场扩张的企业建立有联结关系，增大了核心企业成功扩张的可能性（Connelly et al., 2011）。再次，连锁董事关系网络中，无论是企业间建立的横向连锁，还是上下游企业之间的纵向连锁，以及企业与银行等金融机构的连锁均体现了企业所嵌入的资源依赖关系以及企业为克服依赖而设置的战略选择安排（任兵等，2005）。其中，企业与银行等金融机构之间连锁董事关系有助于企业获取资金支持（Gilson, 1990）。最后，技术创新是企业经营与发展的基本动力，基于董事在企业创新战略制定中的主体地位，必然可以借助连锁董事关系网络找到最优的知识供给方，获取有利于企业创新的外部知识，并进一步提升企业创新绩效与经营绩效（段海艳，2012）；同时，连锁董事作为企业与外部环境中重要信息与关键资源的沟通渠道，可以为经理层提供更好建议，提高经理层研发投资决策能力，帮助经理层应对研发过程的复杂性，获取所需资源以及做出更好的研发规划（Chen et al.，2013）。总之，在资源依赖理论视角下，连锁董事有利于企业搜索与获取各种关键资源并改善经营绩效。

相对于连锁董事带给企业的资源优势，各国政府更关注连锁董事的潜在威胁（UK Corporate Governance Code，2010；Walker Review，2009）。这一考虑主要是基于"忙碌董事"假设，即在多家企业董事会兼职会影响董事成员监督职能的有效发挥。由于董事的监督能力（时间、精力）是一种稀缺资源，如果董事同时在多家企业董事会任职，则需将有限资源进行分配。任职数量越多，则其能够分配给每家企业的时间和精力就会越少（Conyon and Read，2006）；Fich 和 Shivdasani（2006）、Kaczmarek 等（2012）对"忙碌董事"假设进行实证检验，发现董事任职数量过多会导致公司治理失效从而证明了"忙碌董事"假设的合理性；Barnea 等（2009）发现连锁董事关系网络使企业 CEO 获得更高的报酬，并且弱化了报酬的业绩敏感性。主要原因是企业建立连锁董事关系网络的目的是维护经理层的权益，而不是股东（Bizjak et al.，2009）。因此，连锁董事是一把"双刃剑"，可以给企业带来有利影响的同时不可避免地存在威胁。在资源依赖理论的资源获取优势和代理理论"忙碌董事"假设的共同作用下，连锁董事对企业绩效存在非线性影响，资源依赖理论从资源获取的角度出发，认为连锁董事可以为企业绩效提高提供资源支持；而"忙碌董事"假设则从监督视角出发，认为在多家企业董事会任职会降低董事对企业的关注度，进而不利于企业绩效的提高。

Wan 和 Ong（2003）提出，已有文献过于关注连锁董事与企业绩效之间的宏观关系，而忽略了两者之间的微观体系。因此，在分析连锁董事与企业绩效的关系时，应加入董事特征、董事会流程等微观变量。在这一思路引导下，Shropshire（2010）考察董事个人特征如何影响连锁董事关系网络中知识转移的动机和能力，结果发现董事人力资本异质性可强化董事会对连锁董事关系网络中所传播知识和观点的吸收能力；Geletkanycz 和 Boyd（2011）提出，连锁董事与企业绩效之间的关系受到外部情境变量的调节，如行业成长性、集中度和企业多元化等；马丁等（Martin et al.，2013）使用美国制造业 3745 家企业 2001—2009 年数据，考察了不确定性如何影响连锁董事与企业绩效之间的关系。结果发现企业建立连锁董事不是为了降低不确定性，而是为了增强不确定环境下企业适应力以及经营绩效。只有在企业面临较大不确定性时，连锁董事才有利于改善企业绩效。

三 研究述评与展望

以上文献就董事会资本对企业绩效的影响进行了深入研究，存在的问题是：

首先，已有研究主要围绕董事会人力资本与社会资本构成对企业绩效的影响而展开，影响产生的机理和条件是什么，相关方面研究鲜见。"结构—行为—绩效"这种经济学研究的基本范式，同样适合于企业。因此从研究逻辑的完整性来看，如何突破已有研究中因董事会资本构成直接作用于企业绩效而导致逻辑跳跃过大的局限性，挖掘董事会资本影响企业绩效的深层原因，继而为企业结合经营发展需要甄选恰当董事成员提供新的思路，是潜在的、非常有趣的研究课题。

其次，董事会由董事个人构成，相应的，董事会资本源自董事个人，那么董事个人资本转换为董事会资本的前提和条件以及相应的转换机制是什么？董事个人是否在企业董事会任职，是企业与董事个人双向选择的结果。已有研究主要基于企业视角，探讨董事会资本对企业绩效的影响。那么从董事个人角度来看，拥有较高人力资本和社会资本的董事加入企业董事会的动机，是出于声誉方面的考虑，经济利益方面的诉求，还是为了满足企业的合法性要求？既然合理运用董事会资本可以给企业带来资源获取方面的优势并促进企业发展，那么企业绩效改善是否会促进董事个人资本的积聚？如何改变现有研究中仅从企业角度探讨董事与董事会资本功效的局限，将董事个人纳入董事会资本研究框架，从多层面更深入地探讨董事会资本的功能与角色定位,需要引起学者们的关注。

第三节 本章小结

本章在对国内外董事会资本对董事会治理效率影响已有研究进行梳理基础上,揭示了现有董事会资本研究在董事会资本和董事会治理效率内涵、董事会人力资本对董事会监督与资源提供职能发挥等治理效率的影响、董事会社会资本对董事会监督与资源提供职能发挥等治理效率的影响等方面取得的进展与存在的不足;同时,在就国内外董事会资本对企业绩效影响研究进行梳理的基础上,揭示了董事会人力资本、人力资本异质性、董事会内外部社会资本对企业绩效影响等研究取得的最新进展与存在的局限。本章主要目的是为进一步发展与完善董事会资本、提升董事会治理效率与企业绩效研究与实践提供参考。

第四章 董事会资本对董事会治理效率的影响

董事会资本是因董事技能、经验、社会关系等个体之间差异而造成的董事会整体特征的差异性。希尔曼和达尔齐尔（2003）认为，董事会资本包括董事会人力资本和社会资本，可用来衡量董事会为公司提供资源的能力。海恩斯和希尔曼（2010）提出，可以从宽度和深度两个层面来理解董事会资本。其中，董事会资本宽度指董事职业背景、职位、年龄和资历，以及通过连锁董事获得产业联系的异质性，或在其他产业的工作经验；董事会资本深度指董事通过当前或过去的职业背景、职业经验和企业外部连锁董事而嵌入公司所属产业的程度。董事会资本，特别是董事会社会资本，是企业的一种无形资产。董事会社会资本包括外部社会资本与内部社会资本。其中，董事会外部社会资本能使企业与其他企业建立并保持联系，从而增加信息共享和资源获取渠道；而董事会内部社会资本可提高董事之间的信任与合作，从而有利于他们快速、有效地制定战略决策。基于董事会资本对企业发展的重要意义，学者们从董事会资本对企业绩效的影响、对公司成长性的影响、对企业R&D支出以及技术创新的影响、董事会资本如何影响市场对CEO变更的反应等方面进行了广泛探讨。至于董事会资本是否以及如何影响董事会功能发挥，影响产生的前提与条件是什么，相关研究尚未发现。

董事会是公司治理核心和企业战略制定与控制实施主体，董事会功能的有效发挥是保证企业健康发展的前提和关键。近年来，学者们围绕董事会功能展开广泛探讨。布恩等（Boone et al.，2007）提出董事会"监督假设"，认为董事会主要功能是监督，包括聘用、解聘经理层，决定经理层薪酬等，宗旨是监督经理层并保护股东权益；林克等（Linck et al., 2008）认为，与内部董事相比，外部董事可以更有效地监督经理层，因此当监督带来的好处（或成本）增加时，董事会将进行更多（或更少）监督，从而会聘用更多（或更少）外部董事。施米特和布劳尔（Schmit and Brauer, 2006）认为，董事会功能不仅仅是监督，更重要的是资源提供与战略决策。董事会的资源提供和战略决策加上公司经理层的有效执行是企业提高经营绩效的充分条件，也是企业创造客户端附加价值的重要来源与获取可持续竞争优势不可或缺的因素。综上所述，监督与决策是学者较为认可的董事会两大功能。那么，董事会资本如何影响董事会监督与决策功能的有效发挥？董事会资本中人力资本与社会资本对董事会监督、决策的影响作用是否有差异？如何通过调整董事会资本以改善董事会监督与决策效率？

基于以上考虑，本章以资源依赖理论为支撑，使用社会网络分析方法和社会统计分析方法，从人力资本、社会资本两个维度探讨董事会资本对董事会决策质量和监督效率的影响，以及对董事会功能发挥的综合影响，以期从董事会资本视角探寻改善董事会决策质量和提高其监督效率，有效地发挥董事会功能的方法与路径。

第一节 理论分析与研究假设

资源依赖理论认为，资源是约束企业发展的一个重要因素，某些稀缺资源更是决定企业是否具有核心竞争力的关键。企业要面对来自技术变革、资本和产品市场的全球化、政治变革等多方面不确定性，资源能够降低企业对外部环境的依赖、面临的不确定性和交易成本，从而有利于企业存续和发展。借助于人力资本和社会资本，董事会提供资源的方式包括提供合法性保障并塑造良好公共形象、提供经验，专业技能与知识、帮助企业管理层与股东以及其他重要利益相关方建立和保持合作关系、增加获取关键信息和资源的机会等，所有这些都会直接影响董事会成员履职能力，进而为提高董事会决策质量和监督效率以及企业经营绩效提供支撑。

一 董事会人力资本对董事会治理效率的影响

董事会人力资本包括董事会年龄、任期、受教育程度和董事会团队异质性等。其中，年龄是人们最关心的决策者特征之一。随着知识经济和信息技术的发展，日趋激烈的竞争环境使企业战略决策的不确定性越来越大。董事会作为战略决策主体，其决策质量高低取决于董事会中每一位董事获取与拥有的知识资源数量。一方面，随着年龄的增长，董事社会阅历增加，对社会尤其是社会中传统文化的理解更深入，对公司经营环境和经营状况的认识与理解也更加全面与深刻，这种经验的积累与沉淀会提高董事会决策质量；另一方面，董事年龄越大，其所积累的社会关系网络越广泛，通过与政府、其他企业和个人建立社会关系网络，有助于董事个人获取企业战略决策制定所需的各种信息与知识资源，进而有利于提高董事会整体决策质量。同时，充分监督一个大而复杂的公司需要知识、技能和经验等方面的能力做支撑。伴随年龄增长而积累的董事个人的经验等各种信息资源存量以及知识、信息等资源获取能力的提升，有利于董事会监督职能的有效发挥。方良（2011）发现董事长的年龄越高，越有利于董事会监督职能的发挥并降低相应的代理成本。故提出假设 H1。

H1：董事会平均年龄与董事会决策质量和监督效率正相关。

内外部决策环境的日趋复杂化导致董事会监督、决策内容的复杂性、动态性和即时性。这需要决策者，即董事会成员具有处理复杂问题的综合技能。这种技能不是一蹴而就的，而是需要通过长时间积累获得的。如果说年龄所包含的经验与技能更多是与社会相关的，任期所包含的经验与技能则更多与组织相关。在组织中工作时间越长，对组织文化、战略、经营和市场等方面内容的理解越深入、越全面，越有可能培养出战略决策和内部监督所需要的各种技能和知识。因此，董事任期越长，其所掌握各种技能与知识会越多，越有利于董事会决策质量和监督效率的提高。Kor 和 Sundaramurthy（2009）研究发现，董事的知识、技能和经验会影响其对监督管理层行为、制订继任计划、决定管理层薪酬和奖励等方面的有效性。故提出假设 H2。

H2：董事会平均任期与董事会决策质量和监督效率正相关。

董事会作为公司决策与监督机构，其成员受教育水平在一定程度上反映了其决策水平与监督效率。首先，教育水平反映了个人的理论知识功底。董事受教育水平越高，知识越丰富，相应的，其眼界会越宽阔、声望会越高、关系网络的层次也会较高，从而会越容易接受新鲜事物和技术、倡导创新，并提高决策与监督效率。其次，董事受教育水平在一定水平上反映了决策者信息收集和处理能力以及处理问题的能力与技巧。有的学者研究发现个人教育水平与拥有的信息量及处理信息能力正相关。在董事会决策与监督过程中，董事拥有的信息越多，监督的客观性与决策的科学性越强。因此提出假设 H3。

H3：董事会平均受教育水平与董事会决策质量和监督效率正相关。

董事会团队的异质性可以提高董事会决策质量与监督效率。一方面，多元化的董事构成，不同的背景知识、技能经验和社会阅历等，可以促进对信息的理解，并使之与复杂的决策与监督环境相匹配；另一方面，董事会构成的异质性可以增加董事会决策群体的多样性，这样不仅可以增加备选方案的数量，而且可以通过对被选方案的多样性解释和审查来使解决问题的方式方法更具创造性。董事会团队异质性既包括董事成员在年龄等自然属性方面的多元化程度，也包括在组织中的任期及受教育水平等社会属性方面的多元化程度。从年龄看董事会团队异质性，不同年龄的人员获取信息的内容、渠道以及处理问题的方式都会存在差别。董事会团队的年龄差异性越大，多样化方式获得的信息可以对董事会决策与监督提供有力支撑的同时，能够减少董事会决策失误带来的风险；从任期来看董事会团队异质性，表现为董事由于进入董事会的时序不同，对所处内外部环境以及董事会履行任务等方面理解上的偏差，新进入的成员往往能够给董事会带来新的思维方式、新的信息,有利于打破董事会固有甚至是僵化的思维模式。因此,董事会成员任期异质性越大,监督与决策所需信息的获取途径越多,越有利于董事会决策质量与监督效率的提高;从受教育水平来看董事会团队异质性,阿南德等(Anand et al.,2003)认为,团队的知识结构对团队知识处理能力影响显著。团队成员的教育专业背景差异越大,就越能获得多元化的信息、技能和观念,产生更多可供选择的战略方案。因为知识的异质性有利于拓宽董事会视野,识别出更多机会,进而提升董事会解决问题的能力。因此如果每位董事都从不同领域贡献其知识,就能增强董事会知识互补性,提高董事会监督与决策效能。综上,本书提出如下假设。

H4:董事会构成的异质性与董事会决策质量和监督效率正相关。

H4a:董事会成员年龄异质性与董事会决策质量和监督效率正相关。

H4b:董事会成员任期异质性与董事会决策质量和监督效率正相关。

H4c:董事会成员受教育水平异质性与董事会决策质量和监督效率正相关。

二 董事会社会资本对董事会决策质量和监督效率的影响

(一)董事会内部社会资本对董事会决策质量和监督效率的影响

董事会内部社会资本是指董事通过与董事会其他成员及高管之间相互了解而建立起来的社会资本。对董事会内部社会资本的考量主要包括董事会成员之间的关系和董事会与高管层之间的关系两个方面。

董事会成员之间的关系。董事会通常由律师、注册会计师、债权人、其他企业高管、前政府官员以及其他拥有重要专业知识和经验的个人组成,他们可能来自不同行业和部门,有着不同的经历和技能,且其中很多为外部董事和兼职董事,彼此之间的关系相对松散。当他们同时在一家企业担任董事时,由于共同担负着企业决策与监督职能，因此必须进行广泛而长久的合作并建立紧密网络关系才能提高董事会成员之间的信任程度和保障董事会职能发挥。董事会成员之间的关系主要通过董事会会议得以建立与保持。借助于董事会定期会议和临时会议，董事之间有机会接触、沟通并建立信任关系。董事会会议次数越多，董事成员之间的信任与默契程度越高，越有利于董事之间交换各种来源可靠的决策经验和战略信息，促进信息交换与知识产生并为企业提供战略决策和监督所需的知识，进而提高董事会决策质量与监督效率。因此，董事会会议次数与董事会决策质量和监督效率正相关。故提出假设H5。

H5：董事会会议次数与董事会决策质量和监督效率正相关。

董事会与高管层之间的关系。董事会作为公司治理核心，直接对股东负责，制定战略决策的同时代表广大股东对高管层实施监督与控制。董事会由内部董事和外部董事构成，其中外部董事并非本企业的专职董事，其多数时间与精力花在企业外部。Raheja（2005）认为，外部董事发挥有效治理作用的一个重要理论条件就是要获取与决策相关的信息；达钦（Duchin, 2010）等利用法规的强制规定控制内生性问题，发现信息获取成本的降低有助于外部董事监督和决策职能的有效发挥。根据管家理论，高管层作为实现股东利益而勤勉尽责的管家，掌握企业经营有关的一手信息，董事会应该与高管层之间建立一种相互信任与合作的关系，这样可以提高董事会的信息获取与处理能力，而信息获取与处理直接关系到董事会的决策与监督效能。内部董事既在企业任职董事，又在企业担任高管，作为董事会与高管层之间沟通的桥梁，可以加强董事会与高管层之间信任与合作。因此，董事会中内部董事比例越高，越有利于董事会与高管层之间信任与合作，进而提高董事会决策质量与监督效率。故提出假设H6。

H6：董事会中内部董事比例与董事会决策质量和监督效率正相关。

(二) 董事会外部社会资本对董事会决策质量和监督效率的影响

董事会外部社会资本是企业与外部组织之间的联系。作为企业

第四章 董事会资本对董事会治理效率的影响

外部社会资本最主要的一种表现形式，连锁董事是指因董事同时在两家或两家以上企业董事会任职而建立的企业间关系网络。基于董事会在公司治理中的核心地位，连锁董事关系网络中具有大量行业发展、市场状况、规则变化以及其他经营信息，这些信息在关系网络中传播。连锁董事数量越多，则企业在关系网络中就越处于核心位置。相应的，董事会可以更高效地搜索并获取相关信息，进而在战略决策制定中具有相对优势；同时，来自不同企业、不同行业的董事，基于其决策经历和技能经验的不同，所用到的信息和对信息的解释也各不相同，他们把这些不同的决策方式、方法和对信息的不同解释引入公司的决策与监督中，必定可以提高董事会决策质量与监督效率并获取超额收益。因此，企业连锁董事数量越多，董事会决策质量和监督效率越高。故提出假设H7。

H7：企业连锁董事数量与董事会决策质量和监督效率正相关。

企业之间的连锁董事关系主要源自董事个人同时在多家企业董事会任职，根据在董事会中所扮演的角色与功能不同，董事可划分为执行董事（内部董事）与独立董事。因此，为更好地研究连锁董事关系，引入强关系与弱关系的概念，并以此为基础将连锁董事关系划分为强连锁关系与弱连锁关系：如果董事个人在两家或两家以上企业同时担任执行董事的角色，或至少在一家企业任职执行董事，则由此引发的企业之间关系为强连锁关系；如果董事个人在两家或两家以上企业同时担任独立董事的角色，则由此引发的企业之间关系为弱连锁关系。在我国现行经济环境下，独立董事的产生多源于政策压力，因此独立董事在履责过程中多处于被动状态，其参与决策、执行监督的动力与效果以及对企业经营影响力显然不及执行董事。与弱连锁关系连接的企业相比，强连锁关系由于高度的信任或依存关系，企业间很少发生机会主义行为。在这种情况下，关系网络中的成员企业可以快速、准确地搜索到战略决策、企业经营等所需的各种信息与资源并高效获取它们，进而为提高董事会决策质量与监督效率提供信息与资源支持。因此企业强连锁数量越多，董事会决策质量和监督效率越高。故提出假设H8。

H8：企业强连锁数量与董事会决策质量和监督效率正相关。

社会学理论视角下，人们倾向于与自己有相同或相似背景的人建立并保持关系，即所谓趋同性。[①] 因在同一地理区域内学习、生活等而产生的地缘关系等，会促使董事个体倾向于与处于同一地域的其他主体建立与保持联系，因此连锁董事关系网络会呈现出地域上的趋同性。虽然科技进步与虚拟网络的出现，极大地克服了地域的局限，距离的摩擦作用在逐步被削弱，但是，只要存在空间距离，这种距离的摩擦作用就无法完全消除。空间距离越远，信息收集和监督成本越大，而且远距离的信息传递难以保证其及时性、完整性和安全性，所以信息不对称程度会随着空间距离的延伸而加剧。李延喜等（2012）从信息优势角度解释了投资者偏爱地理位置近的上市公司这一现象。综上所述，在连锁董事关系网络中，与本地企业建立的连锁董事数量越多，即地域趋同性越强，企业间信息不对称程度会越小，由此引发的信息优势有利于提高董事会的决策质量与监督效率。故提出假设 H9。

H9：企业连锁董事地域趋同性与董事会决策质量和监督效率正相关。

第二节　数据来源与变量设计

一　数据来源与处理

研究所需相关数据来源于金融界网站（http://www.jrj.com.cn），收集截至 2011 年 12 月 31 日上海、广东两地上市一年以上且有对应年报的 530 家 A 股上市公司董事会人员构成、董事会资本、董事会决策质量和监督效率等相关指标。在对董事会资本与董事会决策质量、监督效率进行理论分析的基础上提出相关假设，借助于

---

① 所谓趋同性是指关系网络中的核心人物与其他社会网成员在某种社会特征方面的类似性。

MATLAB 7.0.1 软件、UCINET 6.0 软件以及 SPSS 16.0 软件包，对数据进行预处理、企业连锁董事关系网络分析后，对相关假设进行实证检验。

二 变量设计

（一）被解释变量

为揭示董事会资本对董事会决策质量和监督效率的影响，将董事会决策质量和监督效率设为被解释变量。就董事会决策质量而言，皮尔斯和扎拉（Pearce and Zahra, 1991）提出，在公司战略决策制定过程中，董事会的积极参与和公司良好的财务业绩密切相关。董事会决策质量是企业有效经营的前提和保障，因此董事会决策质量用反映企业经营绩效的财务指标来衡量。反映企业财务绩效指标很多，最常用的是净资产收益率和资产报酬率。就上市公司而言，监管部门对企业的违规处理、融资、再融资门槛的设定，很多都是以净资产收益率为评判标准，企业为了达到某种特定目的，会对该指标进行人为操控，所以选取资产报酬率来度量董事会决策质量；就董事会监督效率而言，所有权与经营权的分离所引发的委托—代理关系是代理成本产生的根源。董事会基本功能之一就是通过监督尽可能缩小高管层利益与股东利益的偏离，并使代理成本最小化。在借鉴万鹏和曲晓辉（2012）等相关研究基础上，代理成本选用管理费用率（管理费用/销售收入）来衡量。管理费用率越高，公司代理成本越大，董事会的监督效率越低。因此，董事会监督效率使用（1－管理费用率）来测度。

解释变量。解释变量有两类：一是董事会人力资本；二是董事会社会资本。

董事会人力资本中，包括董事会平均年龄、平均任期、平均受教育水平以及董事会年龄、任期和受教育水平构成的异质性。董事会平均年龄和平均任期使用全部董事成员年龄和任期均值来量化。因年龄、任期均为连续变量，所以董事会年龄、任期构成的异质性使用年龄和任期的标准差系数来衡量，标准差系数越大则异质水平越高；董事受教育水平分别取值中专及以下取值为 1，大专取值为

2，本科取值为3，硕士取值为4，博士及以上取值为5，董事会平均受教育水平使用所有董事成员受教育水平均值来反映。受教育水平为非连续变量，因此董事会受教育水平异质性使用采取 Herfindal – Hirsch 指数来测量。

$$H = 1 - \sum_{i=1}^{n} p_i^2$$

其中，p_i 表示第 i 类变量占总体的比例，n 为变量类型数。H 介于 0 与 1 之间，H 值越大表示异质性水平越高。

董事会社会资本中包括内部社会资本和外部社会资本。内部社会资本分别使用董事会会议次数和内部董事比例来衡量，外部社会资本使用连锁董事数量、强连锁数量和地域趋同性来量化。其中，连锁董事数量选取全部董事构成的整体网络中绝对度中心性作为研究变量，具体操作通过 UCINET 6.0 软件来实现；强连锁数量是在全部董事构成的整体网络基础上，剔除在多家企业同时只担任独立董事的关系后，使用绝对度中心性来测度强连锁数量，具体操作通过 UCINET 6.0 软件来实现；地域趋同性使用本地连锁占个体网络规模比例来量化。

第三节 实证分析

一 变量描述性统计分析

变量的描述性统计分析结果如表 4-1 所示。样本企业董事会平均年龄为50岁左右，最小值为41岁，最大值近66岁，标准差为3.9651，说明各企业董事会年龄差异较大；董事会平均受教育水平为3.6039，说明我国上市公司董事会整体受教育水平较高，平均已经达到硕士研究生水平；年龄异质性、任期异质性、教育水平异质性、内部董事比例和董事会监督效率等各企业之间的差异均保持在较小范围，标准差均在0.5以下；董事会会议次数和董事会决策质量最小值与最大值以及各企业之间差异较大；企业外部社会资本变量中，连锁董事数量与强连锁数量相比，前者远远大于后者，说明因独立董事在多家企业兼职而建立的企业间关系，是连锁董事关系网络的主要成因之一。

表4-1　　　　　　　变量的描述性统计分析

	样本量	最小值	最大值	平均值	标准差
平均年龄	495	41.00	65.71	50.9896	3.9651
平均任期	494	1.00	9.67	3.9550	1.3119
平均受教育水平	495	2.11	4.62	3.6039	0.4470
年龄异质性	495	0.04	0.36	0.1539	0.0504
任期异质性	494	0.00	1.20	0.4151	0.2413
教育水平异质性	495	0.00	0.79	0.5844	0.1260
董事会议次数	495	4.00	47	9.50	3.956
内部董事比例	495	0.00	0.62	0.2632	0.1300
连锁董事数量	495	0.00	12	2.06	2.152
强连锁数量	495	0.00	7	0.57	1.090
地域趋同性	495	0.00	1.00	0.6469	0.4534
董事会决策质量	491	-8.3902	34.8555	6.7432	4.7339
董事会监督效率	494	0.3204	1.00	0.9044	0.0696

二　变量之间相关性分析

为了避免各变量之间出现多重共线性问题，将被解释变量与各解释变量进行相关性分析，结果如表4-2所示。其中，董事会人力资本各变量中，年龄异质性、平均受教育水平和教育水平异质性三者之间，年龄异质性和平均受教育水平在0.01水平下显著负相关，且相关系数为-0.317；平均受教育水平和教育水平异质性在0.01水平下显著负相关，且相关系数为-0.345；年龄异质性和教育水平异质性之间没有显著的相关关系。为避免变量之间的多重共线性问题，回归分析时将平均受教育程度与年龄异质性和教育水平异质性分别放入回归模型进行实证检验。董事会社会资本各变量中，反

表4-2 被解释变量与各数值型解释变量的相关性分析

	平均年龄	平均任期	平均受教育水平	年龄异质性	任期异质性	教育水平异质性	董事会议次数	内部董事比例	连锁董事数量	强连锁数量	地域趋同性	决策质量	监督效率
平均年龄	1												
平均任期	0.206***	1											
平均受教育水平	-0.003	0.025	1										
年龄异质性	0.064	-0.118***	-0.317***	1									
任期异质性	0.143***	0.156***	0.145***	-0.125***	1								
教育水平异质性	0.040	-0.063	-0.345***	0.107**	-0.134***	1							

第四章 董事会资本对董事会治理效率的影响

续表

	平均年龄	平均任期	平均受教育水平	年龄异质性	任期异质性	教育水平异质性	董事会议次数	内部董事比例	连锁董事数量	强连锁数量	地域趋同性	决策质量	监督效率
董事会议次数	-0.083*	0.029	0.058	-0.018	0.062	0.010	1						
内部董事比例	-0.219***	-0.120***	-0.051	0.019	-0.192***	0.011	0.004	1					
连锁董事数量	0.247***	0.128***	0.307***	-0.135***	0.081*	-0.141***	0.018	-0.128***	1				
强连锁数量	0.211***	0.107***	0.135***	-0.144***	0.098**	-0.154***	0.014	-0.144***	0.626***	1			
地域趋同性	0.093**	-0.025	0.277***	-0.081*	-0.024	-0.111***	0.010	-0.039	0.553***	0.313***	1		
决策质量	0.002	-0.009	-0.045	-0.012	-0.055	-0.035	-0.060	0.095**	0.053	0.048	0.089*	1	
监督效率	0.074*	0.092**	0.067	-0.102**	0.173***	0.002	0.071	-0.022	0.074*	0.072	0.004	0.011	1

注：*、**、***分别表示在1%、5%和10%的水平下显著。

映董事会外部社会资本的连锁董事数量、强连锁数量和地域趋同性在 0.01 水平下显著正相关,且相关系数均在 0.3 以上,因此将连锁董事数量、强连锁数量和地域趋同性分别与其他变量一起进行回归分析。

三 OLS 多元回归分析

(一) 董事会资本对董事会决策质量的影响

首先就董事会资本对董事会决策质量的影响进行回归分析,结果如表 4-3 所示。回归模型 1 是仅加入控制变量,回归模型 2 和模型 3 是在模型 1 的基础上加入董事会人力资本变量。在人力资本变量中,除模型 3 中平均年龄在 10% 水平下对董事会决策质量有显著正向影响外,其他人力资本变量对董事会决策质量的影响不显著;回归模型 4、模型 5 和模型 6 是在模型 1 的基础上加入董事会社会资本变量,其中,董事会会议次数对董事会决策质量影响不显著,内部董事比例对董事会决策质量在 10% 水平下有显著正向影响,从不同角度测度企业间连锁董事网络关系的连锁董事数量、强连锁数量和地域趋同性均在 10% 水平下对董事会决策质量有显著正向影响。所有自变量回归后的方差膨胀因子 VIF 均小于 2。

表 4-3 董事会资本对董事会决策质量影响的 OLS 回归分析

解释变量	模型1	模型2	模型3	模型4	模型5	模型6
	β	β	β	β	β	β
人力资本						
平均年龄		0.073	0.082*			
平均任期		0.000	-0.004			
平均受教育水平		-0.039				
年龄异质性			-0.047			
任期异质性		0.002	-0.010			
教育水平异质性			-0.027			
社会资本						
董事会会议次数				-0.055	-0.055	-0.055

续表

解释变量	模型1 β	模型2 β	模型3 β	模型4 β	模型5 β	模型6 β
内部董事比例				0.077*	0.076*	0.073*
连锁董事数量				0.081*		
强连锁数量					0.076*	
地域趋同性						0.070*
控制变量						
存续时间	0.104**	0.074	0.065	0.089**	0.084*	0.088**
董事会规模	-0.019	-0.056	-0.056	-0.054	-0.050	-0.043
主营业务利润率	0.327***	0.358***	0.361***	0.343***	0.342***	0.339***
F检验值	19.610***	10.198***	9.026***	12.808***	12.731***	12.673***
调整的 R^2	10.2%	11.7%	11.6%	12.7%	12.6%	12.5%

注：*、**、***分别表示在1%、5%和10%的水平下显著。

总结归纳后可知，董事会平均年龄、内部董事比例和董事会外部社会资本（使用连锁董事数量、强连锁数量和地域趋同性三个变量测度）正向影响董事会决策质量，其他变量对董事会决策质量没有显著影响。

（二）董事会资本对董事会监督效率的影响

就董事会资本对董事会监督效率影响进行回归分析，结果如表4-4所示。回归模型7是仅加入控制变量的分析结果，回归模型8和模型9是在模型1基础上加入董事会人力资本变量。人力资本变量中，所有变量对董事会监督效率的影响均不显著。回归模型10、模型11和模型12是在模型7的基础上加入董事会社会资本变量。在所有董事会社会资本变量中，除内部董事比例在10%水平下对董事会监督效率有显著正向影响外，其他变量对董事会监督效率影响均不显著。所有自变量回归后的方差膨胀因子VIF均小于2。总之，董事会资本所有变量中，只有内部董事比例与董事会监督效率显著正相关。

表4-4　董事资本对董事会监督效率影响的OLS回归分析

解释变量	模型7 β	模型8 β	模型9 β	模型10 β	模型11 β	模型12 β
人力资本						
平均年龄		-0.053	-0.049			
平均任期		-0.027	-0.025			
平均受教育水平		-0.049				
年龄异质性			-0.006			
任期异质性		-0.033	-0.030			
教育水平异质性			0.034			
社会资本						
董事会会议次数				-0.004	-0.004	-0.004
内部董事比例				0.070*	0.071*	0.070*
连锁董事数量				0.001		
强连锁数量					0.012	
地域趋同性						-0.042
控制变量						
企业性质	0.085*	0.133**	0.121**	0.100**	0.105**	0.099**
资产负债率	0.376***	0.404***	0.399***	0.383***	0.384***	0.372***
独立董事比例	0.074*	0.084**	0.081**	0.077*	0.081*	0.094*
F检验值	35.824	16.427***	14.254***	18.359***	18.377***	18.573***
调整的R^2	17.5%	18.0%	17.7%	17.4%	17.5%	17.6%

注：*、**、***分别表示在1%、5%和10%的水平下显著。

综合董事会资本对董事会决策质量和监督效率影响的回归分析结果可知，董事会人力资本相关假设中，董事会平均年龄对董事会决策质量有显著正向影响，对董事会监督效率影响不显著，故H1得到部分支持，董事会平均任期、平均受教育水平以及董事会构成的异质性对董事会决策质量和监督效率的影响均不显著，因此H2、H3和H4没有通过检验；董事会社会资本相关假设中，董事会会议次数对董事会决策质量和监督效率影响不显著，因此H5没有通过

第四章 董事会资本对董事会治理效率的影响

检验；内部董事比例对董事会决策质量和董事会监督效率均有显著正向影响，因此 H6 得到支持；用连锁董事数量、强连锁数量和地域趋同性测度的董事会外部社会资本对董事会决策质量有显著正向影响，对董事会监督效率影响不显著，因此 H7、H8 和 H9 部分通过检验。

（三）董事会监督效率和董事会决策质量的中介效应分析

根据董事会资本对董事会决策质量和监督效率回归分析结果可知，董事会社会资本变量中内部董事比例对董事会决策质量和监督效率均有显著正向影响。魏秀丽（2005）提出，董事会的决策与监督职能存在矛盾和冲突，对于一个企业必须根据具体情况，在不同时期有选择地侧重于某一个职能，而不能二者兼顾。那么内部董事比例、董事会监督效率和董事会决策质量三者之间，内部董事比例是否会提高董事会监督效率的同时损害董事会决策质量？是否会提高董事会决策质量的同时降低其监督效率？基于此，本章主要就董事会监督效率和董事会决策质量的中介效应进行检验。

中介效应检验参考周建等（2013）检验程序，首先检验自变量与因变量关系是否显著，如果显著的话，进一步检验自变量与中介变量、中介变量与因变量的关系是否显著，如果均具显著性，则把自变量和中介变量放在一起检验其对因变量的影响。如果此时自变量对因变量的显著性消失或显著性存在但作用弱化，说明存在完全中介效应或部分中介效应。

首先，就董事会监督效率的中介效应进行检验，分析结果如表 4-5 所示。由分析结果可知，模型 13 和模型 14 中，内部董事比例对董事会监督效率有显著正向影响，对董事会决策质量有显著正向影响。模型 15 中，董事会监督效率对董事会决策质量有显著正向影响。把内部董事比例和董事会监督效率同时放入回归模型 16，由于董事会监督效率的正向影响，内部董事比例对董事会决策质量的正向影响作用削弱。因此，董事会监督效率在内部董事比例与董事会决策质量之间起部分中介作用。

表4-5　　　　　董事会监督效率的中介效应检验

变量	董事会监督效率 模型13 β	变量	董事会决策质量 模型14 β	模型15 β	模型16 β
内部董事比例	0.070*	内部董事比例	0.098**		0.090**
		董事会监督效率		0.198***	0.194***
控制变量		控制变量			
企业性质	0.101**	存续时间	0.117***	0.108**	0.119***
资产负债率	0.382***	董事会规模	-0.011	-0.030	-0.023
独立董事比例	0.076*	主营业务利润率	0.320***	0.416***	0.408***
F检验值	27.649	F检验值	16.109	19.589	16.680
调整的 R^2	17.8%	调整的 R^2	10.9%	13.1%	13.7%

注：*、**、***分别表示在1%、5%和10%的水平下显著。

其次，就董事会决策质量的中介效应进行检验，分析结果如表4-6所示。由分析结果可知，回归模型17和模型18中，内部董事比例对董事会决策质量有显著正向影响，对董事会监督效率有显著正向影响。模型19中，董事会决策质量对董事会监督效率有显著正向影响。把内部董事比例和董事会决策质量同时放入回归模型20后，内部董事比例对董事会监督效率影响作用的显著性消失，因此董事会决策质量在内部董事比例与董事会监督效率之间起完全中介作用。

表4-6　　　　　董事会决策质量的中介效应检验

变量	董事会决策质量 模型17 β	变量	董事会监督效率 模型18 β	模型19 β	模型20 β
内部董事比例	0.098**	内部董事比例	0.070*		0.064
		董事会决策质量		0.071*	0.065
控制变量		控制变量			

续表

变量	董事会决策质量	变量	董事会监督效率		
	模型17		模型18	模型19	模型20
	β		β	β	β
存续时间	0.117***	企业性质	0.101**	0.086*	0.100**
董事会规模	-0.011	资产负债率	0.382***	0.386***	0.390***
主营业务利润率	0.320***	独立董事比例	0.076*	0.076*	0.078*
F检验值	16.109	F检验值	27.649	27.715	22.680
调整的R^2	10.9%	调整的R^2	17.8%	17.8%	18.0%

注：*、**、***分别表示在1%、5%和10%的水平下显著。

第四节 结果讨论

首先，根据资源依赖理论提出的董事会人力资本相关假设中，董事会平均年龄、平均任期、平均受教育水平以及年龄、任期和教育水平构成异质性等变量对董事会决策质量和监督效率影响均不显著。董事会社会资本相关假设中，董事会内部社会资本中董事会会议次数对董事会决策质量和监督效率影响不显著。内部董事比例对董事会决策质量和监督效率均有显著正向影响，进一步对董事会决策质量和董事会监督效率的中介效应进行检验后发现，内部董事比例对董事会决策质量的影响因董事会监督效率的间接影响而弱化，内部董事比例对董事会监督效率的影响因董事会决策质量的间接影响而消失。因此，董事会决策质量和董事会监督效率存在冲突与矛盾。亚当斯和费里拉（Adams and Ferreira, 2007）提出，董事会的决策职能和监督职能既相互补充，又相互冲突。获取足够、真实的信息是董事会发挥决策与监督职能的前提和保障。而信息来源于经理层，经理层在提供信息时面临两难选择：一方面，如果经理层能够分享信息，可以有助于董事会提高决策质量；另一方面，经理层充分信息披露又为董事会监督职能的行使提供了便利,董事会监督越严,经理层面临干预以及解雇的风险就越大,因此经理层分享与提供信息的动力就越小。如果过于强调董事会监督职能,那么经理层不愿意与其分享企业信息,由于信息缺乏,董事会无法有效发挥其监督职能与决策职能。因此,过于强调董事会独立性可能会降低董事会决策质量和监督效率乃至股东价值。那么,董事会应该将监督力度调整与控制到什么程度,才能保持董事会与经理层之间的相互协作,形成一个让经理层充分提供与交流信息的氛围,进而有利于董事会决策职能的发挥?既然董事会决策职能与监督职能存在矛盾与冲突,无法在保证董事会有效监督的同时,提高董事会决策质量,董事会职能在不同时期应当有所侧重,董事会治理方式也应当随环境的变化而进行相应调整。那么如何根据环境变化适时调整董事会职能?是否应该将董事会决策功能与监督功能相分离并设计相应的制度框架,从而提升董事会决策质量的同时,确保董事会监督效率不受影响?这些都是非常有趣的、值得深入探讨的研究议题。

其次,内部董事比例对董事会决策质量和监督效率均有显著正向影响。董事会作为公司治理核心,"董事"相关议题历来是学者们关注焦点,以万方数据库为例,截至2013年12月14日,题名中包括"董事"的各类文献共16387篇,其中期刊论文14495篇,学位论文1695篇;而题名中包括"内部董事"的文献共4篇,其中期刊论文3篇,学位论文1篇,内部董事文献相对匮乏,内部董事相关议题没有引起学者们足够关注。与外部董事相比,内部董事更熟知企业发展历史,了解企业内部基本状况和生产经营的细节,但这一优势所形成的路径依赖,有时会成为董事会有效决策的障碍;外部董事身处企业之外,具有旁观者清的优势,有利于科学决策的同时,可以起到有效监督的作用。在董事会集体决策框架内,如果把外部董事当作一个利益共同体,代表出资人的利益;把内部董事当作另一个利益共同体,代表经理层的利益。那么在董事会的投资决策过程中,内部董事信息揭示有助于外部董事监督职能的发挥;外部董事的决策职能和知情概率的提高对内部董事的信息揭示有激

第四章 董事会资本对董事会治理效率的影响

励作用,但内部董事代理成本和外部董事的监督成本对内部董事的信息揭示有抑制作用,进而制约外部董事职能发挥。那么内部董事和外部董事在董事会功能发挥中所起的作用有何不同?如何根据企业经营环境和自身条件等相机选择董事类型?董事会要同时有效履行决策与监督功能,对内部董事数量和构成有无一个合理的阈值区间范围要求?如何对董事会构成进行最优配置?以上问题均需要深入、进一步的思考。

最后,董事会中连锁董事有利于提高董事会决策质量,而对董事会监督效率没有显著影响。根据资源依赖理论,企业发展的关键是能否获取关键性资源。连锁董事作为企业与外部环境联系的方式,可以为企业提供大量行业发展、市场状况、国家政策倾向以及其他主要的经营信息,进而在董事会战略决策制定中具有相对优势;借助于连锁董事关系网络,企业还可以获取重要的、有用的商业机会,如建立客户、供应商等商业伙伴关系,或其他资源交换和获取收益的渠道。因此在连锁董事关系网络中处于核心地位的企业可以获取超额收益。董事会决策质量需要内外部信息的共同支撑,如果说内部董事可以提供更多、更准确企业经营内部信息的话,连锁董事则更有利于企业获取各种外部环境和外部关键性资源的信息,两者相辅相成,共同推进董事会决策质量的提高。不同的是,内部董事侧重于提供企业内部信息,不但有利于董事会决策,而且有利于董事会行使监督职能;而连锁董事主要提供企业外部信息,仅可服务于董事会决策质量,对董事会监督职能的行使则没有积极作用,有时甚至是消极影响,如企业间"共谋"。Fich 和 Shivdasani(2006)提出连锁董事会对企业的市场价值有负向影响;卡帕尔多(Capaldo,2007)发现,当企业的强连锁数量占企业整体网络数量超过60%时,会严重制约企业技术创新能力。连锁董事的资源获取功能有利于减少外部环境的不确定性,提高董事会决策质量,但连锁董事数量过多所引发的"过度嵌入"、"共谋"和"信息冗余"等问题,不但不利于董事会决策与监督职能的发挥,而且有损于企业技术创新能力和股东价值。这是企业在建立连锁董事关系网络和集聚外部社会资本过程中需要注意的现实问题。

第五节 本章小结

本章以资源依赖理论为支撑，使用社会网络分析方法和社会统计分析方法，从人力资本和社会资本两个维度探讨董事会资本对董事会决策质量和监督效率的影响。研究结果表明：

首先，董事会平均年龄、平均任期、平均受教育水平以及年龄、任期和教育水平构成异质性等董事会人力资本变量对董事会决策质量和监督效率均无显著影响。

其次，董事会内部社会资本中董事会会议次数对董事会决策质量和监督效率影响不显著。内部董事比例对董事会决策质量和监督效率均有显著正向影响，进一步对董事会决策质量和董事会监督效率的中介效应检验后发现，内部董事比例对董事会决策质量的影响因董事会监督效率的间接影响而弱化，内部董事比例对董事会监督效率的影响因董事会决策质量的间接影响而消失。

最后，董事会外部社会资本中连锁董事有利于提高董事会决策质量，而对董事会监督效率没有显著影响。本书对从董事会资本视角探寻改善董事会决策质量和提高董事会监督效率的方法与路径，有着积极的现实意义。

第五章　忙碌董事对中小企业绩效的影响：基于监督与咨询二元视角

忙碌董事是指在多家企业董事会兼职的董事（Core et al.，1999）。忙碌董事现象在各个国家和地区普遍存在，并已引起学者广泛关注。Lipton 和 Lorsch（1992）提出，没有足够的时间与精力履行董事义务是忙碌董事潜在问题。董事履行义务的主要方式是参加董事会会议，Jiraporn 等（2009）提出并证实忙碌董事更有可能缺席董事会会议，在控制了企业特征、董事会结构和董事个人特质等变量之后，结果呈现出稳健性；科尔等（Core et al.，1999）发现，企业拥有的忙碌董事越多，其 CEO 超额薪酬越高，因此忙碌董事无法有效监督经理层；Fich 和 Shivdasani（2006）提出，如果企业所聘请的独立董事多数在 3 家及以上其他企业董事会兼职，则该企业具有较低的市值—账面价值比，企业盈利能力较差，且 CEO 更迭与企业绩效之间的敏感性较低。同时，市场对企业忙碌董事离职的反应是积极的，而现有董事接受新的董事席位邀请会负向影响所在企业价值；Jiraporn 等（2008）发现，企业忙碌董事数量越多，其多元化程度相对较高，且多元化折价现象比较严重。总之，在多家企业董事会兼职会导致董事个人异常忙碌，由于时间与精力所限，他们无暇对经理层进行有效的监督与咨询，因此会导致董事会治理效率低下并有损于企业价值（Fich and Shivdasani，2006）。这一观点得到学者们的普遍认可并广泛呼吁对董事任职数量加以限制。相应的，美国《全国企业协会董事指南》提议董事等高管在其他企业董事会任职数量不得超过 3 家；美国机构投资者协会建议董事兼职数量不得超过2家。现实中，美国越来越多的企业开始对董事会成员任职数量加以限制。最近调查显示，2012年标准普尔500强中74%企业已对独立董事任职数量提出强制性约束，比2006年的27%有显著提升（2012年斯宾塞和斯图尔特美国董事会指数报告）。

综上所述，已有学术研究成果和相关限制性规定表明忙碌董事无益于企业发展。但是Coles和Hoi（2003）提出，董事之所以能够成为"忙碌董事"，其本身就是董事个人知识、能力、经验和技能等的体现，否则不会受到多个企业董事会任职邀请；类似的，亚劣斯等（2010）认为，虽然忙碌董事能够分配给某一个企业的时间与精力相对有限，但是选择效应的存在则意味着只有那些具有一定才能和声誉的董事才有条件在多家企业董事会任职并成为"忙碌董事"。Ferris、Jagannathan和Pritchard（2003）发现，在经营绩效较好的企业任职的董事，更有可能成为忙碌董事。忙碌董事由于卸责被提起诉讼的概率与其他董事相比没有显著差异；忙碌董事是企业重要信息来源，并有助于提高企业并购绩效（Harris and Shimizu，2004）；在激励机制有效的情况下，在多家企业董事会任职的CEO可以显著提高所在企业价值（Perry and Peyer，2005）；新上市企业对市场等经验相对匮乏，他们在很多事情上依赖董事来获取各种咨询和建议。因此，忙碌董事的积极效应对新上市企业尤为显著。拥有忙碌董事的新上市企业，其市值—账面价值比相对较高。随着企业市场把控和关系构建等能力增强，企业对忙碌董事内在需求也会下降（Laura et al.，2013）；类似的，Field、Lowry和Mkrtchyan（2011）发现，风险投资支持的IPO企业受益于忙碌董事经验、技能和网络关系等。如果忙碌董事在薪酬委员会任职，则企业高管薪酬相对较低；本森（Benson et al.，2014）考察了忙碌董事对企业并购的影响，发现忙碌董事可以使并购方支付较低的并购溢价，但是这一效应主要受到并购方忙碌CEO的影响。

对忙碌董事已有文献进行总结归纳可知，忙碌董事经验、能力和社会关系等方面的优势有利于他们成为高效咨询者，而因为过度

第五章　忙碌董事对中小企业绩效的影响：基于监督与咨询二元视角

忙碌所导致的时间、精力等方面约束使他们无法有效履行监督职能，这两方面综合作用使忙碌董事对不同企业影响各异。那么忙碌董事发挥积极影响的条件是什么？影响机理如何？不同企业如何根据自身内在需求自主选择是否聘任忙碌董事？相关方面研究相对空白。不同于成熟企业，IPO企业对董事咨询需求超出监督需求，因此忙碌董事对IPO企业可以带来积极影响（Laura et al., 2013）。那么，如果以中小企业为样本，样本选取不同和研究设计等方面差异，是否会导致截然不同的研究结果？在中国特定情形下，由于董事市场不健全和董事人才紧缺，董事特别是独立董事在多家企业董事会兼职已成为中国上市公司普遍现象。以本书的中小板上市公司为例，698家样本中不存在任何董事兼职现象的企业仅有32家，占比不到4.6%，意味着95%以上企业存在不同程度的董事兼职。针对这一现象，中国上市公司协会发布《上市公司独立董事履职指引》中明确规定，独立董事兼职的上市公司最多不得超过5家，以确保有足够时间和精力有效履行董事职能。这一规定从侧面反映了理论与实务界对忙碌董事作用的质疑。但是，在中国情境下，忙碌董事是否真如学者们所预期的那样，无法保持客观独立并发挥监督作用？忙碌董事如何影响董事会咨询效率？忙碌董事对董事会治理效率以及企业绩效的综合影响如何？相关方面研究尚未发现。基于此，本章以我国中小板上市公司为例，探讨忙碌董事对董事会监督、咨询效率的影响以及对企业绩效的综合效果，旨在为规范我国董事行为和提高董事会治理效率提供理论支持和政策建议。

第一节　理论分析与研究假设

一　忙碌董事与董事会监督效率

代理理论视角下，董事有效监督可以降低代理成本并改善企业绩效（Fama and Jensen, 1983），因此董事主要功能是代表股东对经理层实施监督。事实上，董事会每年花费大量时间用于监督经理层，且近 2/3 的董事会会议围绕监督议题展开（Miriam et al.，2013）。作为董事会构成中的一个特殊群体，忙碌董事由于在多家企业董事会任职，时间与精力等约束导致其无法有效监督。Ferris 等（2003）提出"忙碌董事假设"，并认为忙碌董事因过度忙碌而无法确保有足够时间和精力履行监督。由于忙碌董事是否投入足够时间和精力履行监督难以观察，一个相对有效的方法是考察忙碌董事参加董事会会议情况。忙碌董事要在多个任职企业之间分配有限的时间与精力，因此董事会会议出席率相对较低的往往是那些忙碌董事（Jiraporn et al.，2009）；同时，相对于内部董事，外部董事未来职业发展不受企业 CEO 和董事成员影响，可以相对独立地对内部董事进行监督。因此，理论与实务界将董事会监督更多地寄希望于外部董事。但是，从我国企业外部董事的构成来看，他们或是高校知名学者，或是会计师事务所或律师事务所合伙人，或是其他企业现任高管等，不管其职业背景如何，他们都是所从事领域的精英，都有自己专职工作并需要持续投入充分时间与精力以保持既有的社会地位和影响力。作为稀缺资源，他们更有可能受各个企业董事会青睐并成为忙碌董事，那么如何在已有专职工作与多个董事会兼职之间合理地分配时间与精力并确保履行好每一项职能，对忙碌董事个人而言极具挑战。因此，我们提出如下假设。

假设 H1：忙碌董事与董事会监督效率负相关。

二 忙碌董事与董事会咨询效率

根据管家理论，董事主要功能是补充经理层知识、技能和经验等方面不足，为经理层提供咨询并为企业发展提供支持（Bammens et al.，2011）。忙碌董事有利于提高董事会咨询效率，主要原因有以下三个方面：一是"忙碌董事"是董事自身声誉积累的结果，表明忙碌董事有足够能力为经理层提供高质量咨询；二是忙碌董事在董事关系网络中的声誉和影响力，为其充分获取内外部信息以有效履行咨询职能提供了支持；三是"声誉理论"下忙碌董事有足够激励履行咨询职能。

首先，"忙碌董事"本身就是董事个人履职能力的体现。Fama

和 Jensen（1983）提出的"声誉理论"认为，个人能够受到多家企业董事会任职邀请并成为忙碌董事，其本身就是董事个人监督与咨询能力的外在体现。董事人才市场对忙碌董事需求旺盛且对忙碌董事估价较高（Keys and Li，2005），因此忙碌董事平均薪酬显著超出其他董事（Linn and Park，2005）。与"声誉理论"假设一致，实证研究结果发现：作为企业的一项重要资源，忙碌董事收到新任职邀请的概率是其他董事的3倍，并且忙碌董事有利于改善企业财务绩效（Keys and Li，2005）。

其次，董事会作为一个群体，决策效率高低取决于企业内外部信息获取的异质性和完备性。在多家企业董事会任职的忙碌董事，虽然能够专注于某一家企业的时间与精力有限，但是他们往往在董事关系网络中占据核心地位且具有较高声誉和影响力，因此他们更容易获取多元化、异质性的产品市场变动、产业政策导向、创新模式变革等企业外部信息。企业内外部信息的充分获取，加上自身信息处理能力和技能、经验等支撑，忙碌董事可以依据企业特定情境提出有针对性、高质量的决策方案，进而提高董事会咨询效率。

最后，忙碌董事出色能力是否能够付诸实践，还取决于忙碌董事履职的主观意愿。另外，忙碌董事履职行为受到"声誉"激励的影响。作为理性经济人，忙碌董事未来经济与非经济利益均与当前履职行为以及由此积累的"声誉"有关。其中，前者包括未来更多任命机会以及与之相关的经济利益，后者包括社会地位与业界影响力的提升、更多社会资源获取以及更广泛的学习机会等（Coles and Hoi，2003）。因此，出于自身"声誉"以及与之相关利益考虑，忙碌董事有足够激励履行职能。综上所述，提出如下假设：

假设 H2：忙碌董事与董事会咨询效率正相关。

三 忙碌董事与企业绩效

监督与咨询是董事的两个基本职能，都会影响董事会治理效率并最终服务于企业绩效，其中任何一种职能履行都有助于企业绩效提升。"忙碌董事假设"下时间与精力约束导致忙碌董事无法有效履行监督职能，而"声誉假设"下忙碌董事对企业内部专有信息、外部异质性信息等获取优势以及出色的信息处理能力，使他们能够为经理层提供专业咨询并提高董事会咨询效率。那么，忙碌董事如何影响企业绩效，起主导作用的是监督功能消极影响还是咨询功能的积极效应，则取决于企业环境。忙碌董事对企业绩效的净效应取决于企业监督成本和咨询需求。对于那些无形资产比例较高的企业，外部投资者很难获取内部人所掌握的成长机会、企业风险等专有信息，因此监督成本较高（Adams and Ferreira，2007；Duchin et al.，2010）；咨询需求则取决于企业经营范围和复杂程度。大型的、存续时间较长或多元化程度比较高的企业，通常对具有不同专业背景和专有知识的董事咨询需求较高（Coles et al.，2008）。

对监督成本较高、咨询需求较低的企业，由于监督所需企业专有信息获取成本较高，需要忙碌董事投入较多时间与精力获取信息以履行监督职能。对在多家企业董事会任职的忙碌董事来讲，时间与精力有限且属稀缺资源。作为理性人，是否投入时间与精力获取企业专有信息并履行监督取决于其自身成本和收益的权衡。如果忙碌董事选择投入大量的时间与精力等并勤勉监督，有可能会触犯经理层的既得利益，因此获得后续任命的概率会大大降低，并失去与之相关的经济与非经济利益。在中国现实情况下，监督职责的主要承担者——外部董事因勤勉监督而在董事人才市场上声誉得以大大提升的先例前所未闻，对不履行监督职责的董事声誉惩罚机制又未建立。因此，在监督成本较高的情况下，忙碌董事会理性选择不监督或少监督，而将更多精力放在咨询功能行使上。如果此时企业咨询需求较低的话，那么忙碌董事外部信息获取、专业知识与能力等方面优势所能发挥作用空间有限。总之，对监督成本较高、咨询需求较低的企业而言，忙碌董事会理性选择少监督、多咨询，而咨询的积极效应无法与企业需求相匹配，因此忙碌董事会负向影响企业绩效。相反，如果企业监督成本较低，咨询需求较高，一方面，忙碌董事可以投入较少时间与精力获取企业专有信息，并履行监督职能；另一方面，忙碌董事在多家企业董事会任职，外部异质信息获取与处理能力等方面的优势可以提高企业决策质量、满足企业快速发展要求、降低企业经营风险并提高企业绩效。Faleye 等（2012）提出，在创新投入较大等类似的咨询需求较高的企业中，咨询型董事的价值效应更显著；劳拉等（Laura et al.，2013）提出，虽然忙碌董事无法有效监督，但是多元任职经验和广泛社会关系，有利于他们成为优秀咨询者。IPO 企业通常缺乏市场经验，他们对董事的咨询需求超出监督需求，因此忙碌董事可以发挥积极作用并提升企业绩效。综上，我们提出如下假设。

假设 H3：对监督成本较高、咨询需求较低的企业而言，忙碌董事与企业绩效负相关。

假设 H4：对监督成本较低、咨询需求较高的企业而言，忙碌董事与企业绩效正相关。

第二节 数据来源与变量设计

一 数据来源与处理

本书以 2012 年中小板上市公司为样本进行研究。借助于国泰安（CSMAR）数据库和巨潮资讯网（http：//www.cninfo.com.cn），收集 2012 年度中小板上市公司董事会人员构成、年龄、性别、在其他企业任职情况、任职年限等数据，以进行忙碌董事分析；收集 2011—2013 年度中小板上市公司 CEO 薪酬、企业规模、企业性质、资产负债率、存续年限、新增投资水平等财务与非财务数据，以分析董事会监督与咨询效率，进而为探讨忙碌董事对董事会监督、咨询效率以及企业绩效的影响奠定基础。考虑到数据的可比性和完备性，本书剔除了金融类和数据不全的企业，最终有效样本为 698 家。需要说明的，所以选择中小板上市公司，是因为其中多数为民营企业（本书 698 个样本企业中，594 家为民营企业，占 85.1%）。相对于国有企业，民营企业董事会监督、咨询以及整体运营更趋于市场化。

二 变量设计

（一）忙碌董事

忙碌董事是指同时在多家企业董事会任职的董事（Core et al., 1999）。借鉴劳拉等（2013）、Fich 和 Shivdasani（2006）方法，使用董事任职数量、董事兼职比例测度企业忙碌董事数量。另外，考虑到外部董事在董事会监督与咨询过程中所发挥的功能截然不同于内部董事，我们还选用外部董事任职数量、外部董事兼职比例来衡量企业忙碌董事数量。具体而言，各变量的界定如下：

董事任职数量：企业所有董事平均拥有的外部董事席位数。

外部董事任职数量：企业所有外部董事平均拥有的外部董事席位数。

董事兼职比例：在其他企业兼职的董事占全部董事的比重。

外部董事兼职比例：在其他企业兼职的外部董事占全部外部董事的比重。

（二）董事会监督效率

依据委托—代理理论，董事会主要功能是监督经理层，经理层薪酬契约的有效性能够很好地反映董事会治理效率。因此，选用 CEO 超额薪酬来衡量 CEO 潜在租金提取和董事会监督效率（Faleye et al., 2011）。CEO 超额薪酬越高，则董事会监督效率越差。

（三）董事会咨询效率

忙碌董事在多家企业董事会任职经历能够有效弥补经理层知识与信息等不足，进而提高董事会战略决策质量和企业经营绩效。董事会战略决策涉及多个方面，其中投资决策是主要内容之一。因此，借鉴金等（2014）研究方法，选用企业非效率投资水平来衡量董事会咨询效率。该指标数值越大，意味着董事会咨询效率越差。

（四）控制变量

董事会监督与咨询效率除了受到忙碌董事影响外，还可能受到董事对企业专有信息的获取水平、CEO 两职状态、外部董事平均薪酬、董事会规模和外部董事比例等因素影响（Laura et al., 2013; Faleye et al., 2011）。其中，董事对企业专有信息的获取水平使用外部董事任期测度（Kim et al.，2014）。首先使用外部董事平均服务年限作为外部董事原始任期。由于外部董事原始任期受到内部董事任期、企业存续期、企业经营绩效和企业特别风险等因素的影响，而这些因素并不代表外部董事对企业专有信息的获取。因此，考虑外部董事任期的内生性，使用回归分析后的残差项作为外部董事任期的测度变量。外部董事任期指标数值越大，意味着外部董事掌握的企业专有信息越多，进而越有利于董事会监督与咨询职能的行使。

（五）其他变量

监督成本：使用无形资产占总资产的比重来衡量。无形资产比重越高，则企业监督成本越高（Ahn and Shrestha，2013）。

咨询需求：使用公司规模来衡量（年末总资产的自然对数）。公司规模越大则企业咨询需求越高（Coles et al.，2008）。

企业绩效：董事会监督与咨询的最终目的是改善企业绩效。企业绩效使用总资产净利率来测度，其计算公式为：

总资产净利率 = 净利润/平均总资产 × 100%

第三节 实证分析

一 忙碌董事分析

（一）描述性统计分析

首先对忙碌董事各测度变量进行描述性统计分析。如表 5-1 所示，698 家样本企业中，董事任职数量和外部董事任职数量最小值均为 0，最大值为 7 和 7.75，均值分别为 1.2971 和 1.2189；董事兼职比例和外部董事兼职比例最小值为 0，最大值为 1，均值分别为 0.4611 和 0.4930。

为进一步揭示中小板上市公司董事兼职现象，我们对相关数据进行频数与频率分析。如表 5-2 所示，其中所有董事均没有任何外部兼职的企业有 32 家，占 4.6%，外部董事没有任何兼职现象的企

表 5-1　　　　忙碌董事各测度变量的描述性统计分析

忙碌董事变量	样本量	最小值	最大值	均值	标准差
董事任职数量	698	0.00	7.00	1.2971	1.07724
外部董事任职数量	698	0.00	7.75	1.2189	1.06526
董事兼职比例	698	0.00	1.00	0.4611	0.24422
外部董事兼职比例	698	0.00	1.00	0.4930	0.28172

业有73家，占10.5%，说明中小板上市公司近90%的企业存在不同程度的董事兼职现象。近80%的企业董事任职数量和外部董事任职数量均在2家及以下。董事任职数量和外部董事任职数量在5家以上不到10家，仅占样本总数1%左右。

所有董事均未在其他企业董事会兼职的有32家，所有外部董事均未在其他企业董事会兼职的有73家，同样说明90%以上中小板上市公司存在不同程度的董事兼职现象。其中，半数以上董事均在其他企业董事会兼职的企业有319家，占45.7%；半数以上外部董事均在其他企业董事会兼职的企业有390家，占55.9%。所有董事均在其他企业董事会兼职的有20家，占2.9%；所有外部董事均在其他企业董事会兼职的有63家，占9%，说明外部董事兼职现象相对普遍。

表 5-2　　　　忙碌董事各测度变量的频数与频率分析

忙碌董事变量	样本量	0（频数/频率）	0—2（频数/频率）	2—5（频数/频率）	5以上（频数/频率）
董事任职数量	698	32/4.6%	511/73.2%	149/21.3%	6%/0.9%
外部董事任职数量	698	73/10.5%	489/70%	129/18.5%	7/1%

忙碌董事变量	样本量	0（频数/频率）	0—0.5（频数/频率）	0.5—1（频数/频率）	1（频数/频率）
董事兼职比例	698	32/4.6%	347/49.7%	299/42.8%	20/2.9%
外部董事兼职比例	698	73/10.5%	235/33.6%	327/46.9%	63/9%

另外，考虑我国《上市公司独立董事履职指引》中特别就独立董事任职做出规定，要求"原则上最多在5家上市公司兼任独立董事"，本书还就独立董事的兼职现象进行了分析（由于篇幅有限，相关数据表格略），研究发现698家样本企业2206名独立董事中，近50%的独立董事仅在一家上市公司任职，没有在其他企业董事会兼职的现象。50%的兼职独立董事中，在6家及以上企业兼职独立董事的有6位，占全部独立董事的0.2%。说明相关规定对独立董事具有一定的约束作用。

（二）相关性分析

为检验忙碌董事对董事会监督、咨询效率以及企业绩效影响，首先对忙碌董事四个测度变量：董事任职数量、外部董事任职数量、董事兼职比例和外部董事兼职比例进行相关性分析。根据表5-3分析结果可知，忙碌董事四个测度变量之间具有较强的相关性，且在0.01水平下显著正相关。为了避免多重共线性问题，在后续忙碌董事对董事会监督、咨询效率和企业绩效的实证检验中，将这四个变量分别放入回归模型进行分析。

表5-3　　　　忙碌董事各测度变量的相关性分析

	董事任职数量	外部董事任职数量	董事兼职比例	外部董事兼职比例
董事任职数量	1			
外部董事任职数量	0.676***	1		
董事兼职比例	0.754***	0.542***	1	
外部董事兼职比例	0.475***	0.711***	0.696***	1

注：***表示在10%的水平下显著。

二　忙碌董事与董事会监督效率

首先，董事会监督效率选用CEO超额薪酬衡量，CEO超额薪酬越高，意味着董事会监督效率越差。CEO超额薪酬使用CEO薪酬实际值与CEO薪酬预测值之间的残差来测度。由于CEO薪酬受到企业经营绩效、企业规模、无形资产比重、所在地区和所处行业等因素的影响（罗宏等，2014），因此将这些因素为解释变量，以 CEO 现金薪酬为被解释变量进行回归分析后，根据回归方程计算 CEO 薪酬的预测值。以 CEO 薪酬实际值与预测值之间的残差为 CEO 超额薪酬（篇幅所限，分析结果略去）。

其次，为检验忙碌董事对董事会监督效率影响，以忙碌董事的四个测度变量，即董事任职数量、外部董事任职数量、董事兼职比例和外部董事兼职比例为解释变量，以 CEO 超额薪酬为被解释变量进行回归分析。回归结果如表 5-4 所示，其中模型 1 是以外部董事任期、CEO 两职状态、外部董事平均薪酬、董事会规模和外部董事比例等控制变量为解释变量建立回归模型。由于忙碌董事四个测度变量之间具有较强的相关性，因此模型 2—模型 5 是在控制变量基础上，将董事任职数量、外部董事任职数量、董事兼职比例和外部董事兼职比例分别放入回归模型进行分析。

表 5-4　　　　　　　　CEO 超额薪酬的 OLS 回归分析

解释变量	模型 1 β	模型 2 β	模型 3 β	模型 4 β	模型 5 β
董事任职数量		0.063*			
外部董事任职数量			0.081**		
董事兼职比例				0.078**	
外部董事兼职比例					0.065*
控制变量：					
外部董事任期	0.074**	0.069*	0.069*	0.068*	0.071*
CEO 两职状态	0.064*	0.063*	0.066*	0.065*	0.064*
外部董事平均薪酬	0.294***	0.289***	0.282***	0.287***	0.286***
董事会规模	0.047	0.047	0.045	0.048	0.045
外部董事比例	0.107***	0.104***	0.103***	0.102***	0.109***
F 检验值	16.368***	14.141***	14.496***	14.423***	14.185***
调整的 R^2	10.6%	10.9%	11.2%	11.1%	10.9%

注：*、**、*** 分别表示在 1%、5% 和 10% 的水平下显著。

由表 5-4 可知，模型 1—模型 5 中各控制变量分析结果中，外部董事任期与 CEO 超额薪酬正相关，说明外部董事任期越长，董事会监督效率越差；CEO 两职兼任的企业，CEO 超额薪酬显著较高，因此两职兼任会导致董事会监督效率的下降；外部董事平均薪酬在 0.01 水平下与 CEO 超额薪酬显著正相关，因此外部董事薪酬激励的强化无益于董事会监督效率的提高；外部董事比例与 CEO 超额薪酬显著正相关，说明外部董事比例越高，董事会监督效率越差。

忙碌董事上述四个测度变量与 CEO 超额薪酬均显著正相关，说明忙碌董事任职数量越多，或者企业中忙碌董事占比越高，CEO 超额薪酬越高，继而董事会监督效率越差。说明忙碌董事与董事会监督效率负相关，因此接受假设 H1。

三 忙碌董事与董事会咨询效率

首先，董事会咨询效率选用企业非效率投资水平来衡量。企业非效率投资水平使用实际新增投资水平与预期新增投资水平之间的残差绝对值来测度。其中：

企业实际新增投资水平 =（购建固定资产，无形资产和其他长期资产所支付的现金总和 - 处置固定资产、无形资产和其他长期资产所收回的现金总和）÷ 平均总资产。

由于企业实际新增投资水平受存续年限、资产增长率、资产负债率、现金持有率、企业规模、前期新增投资水平、所在地区和所处行业等因素的影响（Richardson，2006），因此以这些指标为解释变量，以企业实际新增投资水平为被解释变量进行回归分析，并根据回归模型计算新增投资水平的预测值，新增投资水平实际值与预测值之间的残差绝对值为企业非效率投资水平（篇幅所限，分析结果略去）。企业非效率投资水平越高，意味着董事会咨询效率越差。

其次，为检验忙碌董事对董事会咨询效率影响，以忙碌董事的四个测度变量为解释变量，以企业非效率投资水平为被解释变量进行回归分析。由回归结果表 5-5 可知，模型 1 至模型 5 中各控制变量的分析结果中，外部董事任期与企业非效率投资水平在 0.10 水平下显著负相关，说明外部董事任期越长，企业非效率投资水平越低，继而董事会咨询效率越好；董事会规模与企业非效率投资水平显著负相关，说明董事会规模越大，企业非效率投资水平越低，继而董事会咨询越好。

表5-5 企业非效率投资水平的OLS回归分析（全样本）

解释变量	模型1 β	模型2 β	模型3 β	模型4 β	模型5 β
董事任职数量		-0.103***			
外部董事任职数量			-0.034		
董事兼职比例				-0.060	
外部董事兼职比例					-0.006
控制变量：					
外部董事任期	-0.076*	-0.067*	-0.074*	-0.071*	-0.075*
CEO两职状态	0.035	0.035	0.034	0.034	0.035
外部董事平均薪酬	0.033	0.040	0.037	0.037	0.033
董事会规模	-0.124***	-0.124***	-0.123***	-0.125***	-0.124**
外部董事比例	0.026	0.033	0.029	0.031	0.026
F检验值	3.184***	3.834***	2.774**	3.045***	2.653***
调整的R^2	1.7%	2.6%	1.6%	1.9%	1.5%

注：*、**、***分别表示在1%、5%和10%的水平下显著。

忙碌董事四个测度变量，董事任职数量在0.01水平下与企业非效率投资水平显著负相关，说明董事拥有的外部董事席位数量越多，企业非效率投资水平越低，因此董事会咨询效率越好；外部董事任职数量、董事兼职比例和外部董事兼职比例均与企业非效率投资水平负相关，但不具显著性，说明以董事任职数量测度的忙碌董事对董事会咨询效率有显著积极影响，而以外部董事任职数量等三个变量测度的忙碌董事对董事会咨询效率有积极影响，但效果不显著。

企业非效率投资包括投资过度与投资不足两种情况，为了进一步探讨忙碌董事对投资过度与投资不足的影响，借鉴 Biddel 等

(2009)研究方法,将企业实际新增投资水平与预期新增投资水平之间正向残值定义为投资过度,负向残值定义为投资不足,将样本分为投资过度和投资不足两组,分别研究忙碌董事对投资过度和投资不足非效率投资水平的影响。分析结果见表5-6和表5-7。

表5-6 企业非效率投资水平的OLS回归分析(投资过度样本组)

解释变量	模型1 β	模型2 β	模型3 β	模型4 β	模型5 β
董事任职数量		-0.028			
外部董事任职数量			0.069		
董事兼职比例				0.010	
外部董事兼职比例					0.071
控制变量:					
外部董事任期	-0.144**	-0.140**	-0.149**	-0.145**	-0.151**
CEO两职状态	0.063	0.061	0.071	0.063	0.064
外部董事平均薪酬	-0.015	-0.015	-0.016	-0.015	-0.014
董事会规模	-0.081	-0.082	-0.083	-0.081	-0.083
外部董事比例	0.073	0.075	0.074	0.073	0.078
F检验值	1.754	1.488	1.658	1.459	1.670
调整的R^2	1.5%	1.2%	1.6%	1.1%	1.6%

注:**表示在5%的水平下显著。

表5-6忙碌董事对投资过度样本组的非效率投资水平回归分析中,忙碌董事四个测度变量对企业非效率投资水平影响均不显著;表5-7忙碌董事对投资不足样本组的非效率投资水平回归分析中,除外部董事兼职比例负向影响不显著外,忙碌董事其余三个测度变量对企业非效率投资水平均有显著负向影响,说明忙碌董事可以有效遏制企业投资不足水平并提高董事会咨询效率。

综合相关数据分析结果可知,忙碌董事对企业投资过度水平影响不显著,但对企业投资不足水平有显著抑制作用。说明在企业投

续表

解释变量	模型1 β	模型2 β	模型3 β	模型4 β	模型5 β
董事兼职比例				0.141**	
外部董事兼职比例					0.171***
控制变量：					
外部董事任期	0.063	0.053	0.063	0.053	0.061
CEO两职状态	-0.116*	-0.127**	-0.130**	-0.129**	-0.141**
外部董事平均薪酬	0.016	0.022	0.001	0.017	-0.006
董事会规模	-0.018	-0.019	-0.013	-0.022	-0.024
外部董事比例	-0.012	-0.017	-0.020	-0.020	0.001
营业利润率	0.612***	0.612***	0.614***	0.601***	0.605***
公司规模	-0.025	-0.042	-0.036	-0.039	-0.020
F检验值	16.053***	14.763***	15.040***	15.110***	15.662***
调整的R^2	37.1%	38.1%	38.6%	38.7%	39.6%

注：*、**、***分别表示在1%、5%和10%的水平下显著。

表5-8忙碌董事对"高监督成本、低咨询需求"样本组以总资产净利率衡量的企业绩效分析中，忙碌董事四个测度变量对企业绩效的影响均不显著，因此拒绝假设H3；表5-9忙碌董事对"低监督成本、高咨询需求"企业绩效回归分析中，忙碌董事四个测度变量对企业绩效均有显著正向影响，因此接受假设H4。

第四节 结果讨论

第一，忙碌董事与董事会监督效率负相关。假设H1通过检验，因此为"忙碌董事假设"提供了实证支持。实际上，忙碌董事无法有效履行监督职能，除了受自身时间与精力的约束外，与经理层之间"友好"或"非友好"关系而导致忙碌董事"无法"或"不愿"

监督。根据忙碌董事与经理层之间是否存在亲密关系，可以将忙碌董事分为"友好型"与"非友好"型两类。"友好型"忙碌董事出于与经理层之间的友好合作关系，无法保持足够独立以有效履行监督。同时，出于未来职业生涯考虑，他们也不愿对经理层实施有效监督。事实上，CEO出于自身私利考虑（如在职消费、获取超额薪酬或粉饰业绩等），更偏好聘请那些"友好型"董事（Helland，2006）。而忙碌董事为了提升其社会地位以及未来获取更多后续任命机会，他们有充分理由尽可能地提供咨询而不是监督（Garg，2013）；对于"非友好型"忙碌董事而言，客观上讲，他们可以独立于经理层并实施监督。但是介于忙碌董事与经理层之间的"非友好"关系甚至"对立"关系，会导致企业内部信息主要提供方——经理层没有足够激励提供全面信息，而忙碌董事自身又没有足够时间与精力收集履行监督所需要的各种信息。在这种情形下，企业内部信息缺失导致忙碌董事无法进行有效监督。总之，"友好型"忙碌董事出于与经理层之间的友好关系以及未来职业生涯考虑，"不愿"真正履行监督职能；"非友好"型忙碌董事由于与经理层之间的对立关系，以及自身过度忙碌等，导致忙碌董事没有充分的信息来源，继而使其"无法"有效监督。

如果说"有能力、有时间与精力并且有充分的企业专有信息"是忙碌董事监督的客观条件，"意愿"则是忙碌董事监督的主观条件，只有主客观条件同时具备情况下，忙碌董事才可能有效监督。因此，为提高董事会监督效率，首先可以通过限制忙碌董事任职数量来确保其有足够时间与精力来获取监督所需要的企业专有信息并履行监督。本书实证分析结果表明，在5家以上企业董事会任职的忙碌董事极少，而忙碌董事对董事会监督效率有显著负向影响。那么当前我国上市公司"5家企业"的限制性规定是否合理？其次，如何改变忙碌董事与经理层之间"友好"或"非友好"关系，尽可能降低二者之间信息不对称程度，使忙碌董事履职能够真正独立于经理层，而不必受到企业专有信息来源等客观条件的制约，以使忙碌董事"能够"监督；最后，如何通过"董事声誉"等激励约束机制的建立，使忙碌董事有效监督的同时不必顾虑未来董事席位或财富等损失，以使忙碌董事"愿意"监督。使不履行监督的忙碌董事受到相应的"声誉"、"经济"等方面的惩罚，以促使他们"不得不"监督？这些是我们需要进一步思考的、亟待解决的现实问题。

第二，忙碌董事与董事会咨询效率正相关，"投资不足"企业更为显著。假设 H2 部分通过检验。首先，忙碌董事不利于董事会监督而有利于董事会咨询，可能的原因是"独立性"缺失成为忙碌董事有效监督的障碍，但不会影响忙碌董事咨询职能的行使。在中国上市公司股权相对集中以及内部人控制等现实条件下，CEO 对董事提名和撤换等权力使得越"顺从"忙碌董事越可能得到后续任命。忙碌董事拥有的董事席位越多，因发表异议被舍弃所带来的负面效应越强（唐雪松等，2010）。所以，出于避免董事席位丢失或规避财富损失的动机，忙碌董事"不愿"自主有效地履行监督职能。但是不同于监督职能行使中的"过度监督"可能带来的负面效应，忙碌董事在履行咨询职能时，不必顾虑由于过度咨询而带来任何不利影响。其次，忙碌董事履职除自身能力和足够激励外，还需要充分的内外部信息支持。不同于代理理论视角下董事会与经理层之间监督与被监督的二元对立关系，管家理论视角下二者之间是友好合作关系；咨询关系下"忙碌董事"与经理层之间的友好合作关系，可以为忙碌董事履职提供企业内部信息支持。忙碌董事监督与咨询都需要信息支持，不同的知识背景、从业经历等使忙碌董事对各自功能侧重点的认知不同（龚辉锋等，2014）。侧重于监督职能的忙碌董事，"监督与信息来源悖论"使忙碌董事很难从被监督方——经理层那里获取信息支持，因此履行监督职能存在客观障碍；侧重于咨询职能的忙碌董事，与经理层之间的信任与友好合作关系，使经理层有足够动力分享并提供内部信息。

需要注意的是，忙碌董事积极效应对"投资不足"企业更为显著。与刘飞、王开科（2014）研究结果一致，本书发现大多数中小板上市公司存在投资不足的现象。对投资不足行为的解释有"信息不对称理论"和"代理理论"，其中信息不对称理论认为，信息不对称导致逆向选择等会导致企业融资成本提高而产生投资不足（Myers and Majluf, 1984）；代理理论视角下经理层并不是以股东利益为重；相反，他们会更关注在职消费、自身声誉等私有收益（Aggarwal and Samwick, 2006）。依据本书的研究结果，"忙碌董事假设"下忙碌董事无助于董事会监督效率的提高，因此无法通过约束经理层以改善投资不足问题；但是"声誉假设"下忙碌董事可以通过内外部信息获取方面的优势，解决信息不对称问题，进而降低企业非效率投资水平。另外，本书还发现对"投资不足"样本企业而言，企业非效率投资水平与企业规模在0.05水平下显著负相关，说明企业规模越小，投资不足的问题越严重。可能的原因是小规模企业盈利能力与市场竞争力相对较弱，往往面临较为突出的融资规模与融资成本等方面的约束。那么是否可以借助于忙碌董事的信息获取等优势，以解决小规模企业因融资约束而导致的投资不足等问题？本书提供了一个新的解决思路。

第三，忙碌董事有利于"低监督成本、高咨询需求"企业绩效的改善，对"高监督成本、低咨询需求"企业绩效的影响不具显著性。因此，拒绝假设H3，接受假设H4。综合本书实证分析结果，忙碌董事负向影响董事会监督效率，正向影响董事会咨询效率，有利于"低监督成本、高咨询需求"企业绩效的改善。因此，董事会监督与咨询不能两全。从我国已有法规文件看，无论是《指导意见》还是《上市公司治理准则》等，均侧重于强调董事监督职能，对于是否承担决策咨询等职责，则没有明确规定。而现实，很多上市公司董事，特别是创业板和中小板上市公司董事，更多是扮演了专家顾问角色，监督职能则被严重弱化（上市公司独立董事履职情况报告，2014）。Faleye等（2011）探讨了过度监督对董事会监督、咨询等治理效率的影响，研究发现当多数外部董事在两个以上监督委员会任职时，董事会监督质量会相应得到改善，但是监督质量的改善是以削弱董事会咨询职能为代价，并且董事会咨询职能下降的代价超出监督效率提高带来的收益，因此会导致企业价值下降。那么我们为了降低忙碌董事过度忙碌所带来的消极影响，进而对其兼职数量加以限制的同时，是否应该兼顾这种举措对董事会咨询效率的影响，并权衡对董事会治理效率和企业绩效的综合效果？本书发现忙碌董事有利于"低监督成本、高咨询需求"企业绩效的改善。类似地，劳拉等（2013）提出并证实忙碌董事的咨询职能对新创企业的价值远超出成熟企业。那么，对企业而言，如何根据自身需求和所处行业、所处周期、所有权结构、经理层构成等特质不同，有针对性地考虑是否选择忙碌董事以有效发挥其积极效应的同时规避其不利影响？需要引起理论与实务界进一步的关注。

第五节 本章小结

因在多家企业董事会兼职而形成的忙碌董事普遍存在，以中小板上市公司为例，近95%企业存在不同程度的忙碌董事。针对这一现象，中国上市公司协会发布《上市公司独立董事履职指引》中明确规定独立董事兼职的上市公司最多不得超过5家，以确保有足够时间和精力有效履行董事职能。这一规定从侧面反映了理论与实务界对忙碌董事作用的质疑。那么忙碌董事如何影响董事会监督、咨询效率以及企业绩效？本章以我国中小板上市公司为例提出相关假设并进行实证检验，结果发现：忙碌董事与董事会监督效率负相关，因此为"忙碌董事假设"提供了实证支持；忙碌董事与董事会咨询效率正相关，"投资不足"企业更为显著，继而为"声誉假设"提供了实证支持；忙碌董事有利于"低监督成本、高咨询需求"企业绩效的改善，对"高监督成本、低咨询需求"企业绩效影响不具显著性。董事会监督与咨询不能两全，企业应该根据自身规模、监督成本与咨询需求等差异，理性考虑是否选择忙碌董事以有效发挥其积极效应的同时规避其不利影响，最终改善企业绩效并最大化企业价值。

下 篇

董事会资本中连锁董事、组织冗余与
企业技术创新

第六章 连锁董事、组织冗余与企业技术创新研究综述

中国正处于经济转型时期,在正式制度化约束不健全情况下,连锁董事是企业获取资源与寻求发展的重要手段(Schoorman et al.,1981)。组织冗余是"组织拥有的资源与维持目前状态所需资源之间的差异"或"未被使用的资源"(Cyert and March,1963)。既然连锁董事是企业资源获取的一种手段,组织冗余是企业所持有资源的存量,那么连锁董事如何影响组织冗余?技术创新是提高企业核心竞争力的关键,一方面企业技术创新战略决策的主体是企业董事会;另一方面技术创新是企业对所拥有的各项人才、资金、知识等有形、无形等多种资源的有效整合。基于董事个体同时在多家企业董事会任职而形成的连锁董事,在能够影响企业技术创新战略的同时,使企业从关系网络中获取创新所需资源,特别是知识资源成为可能。连锁董事资源获取功能是否会对企业技术创新能力带来积极影响,影响产生的机理和条件是什么?Geiger 和 Cashen(2002)提出并证实组织冗余会影响企业创新绩效,那么连锁董事是否会通过影响组织冗余而进一步影响企业技术创新?基于以上考虑,本书从资源视角,对连锁董事、组织冗余与企业技术创新关系的已有研究进行梳理,以期在企业创新资源供给严重不足的情况下,引导企业借助连锁董事获取外部资源,并与企业内部资源进行有效整合,减少"有害"组织冗余的同时增加"有利"组织冗余,提高企业资源的使用效率并为企业技术创新服务提供新的思路。为完善与发展连锁董事相关理论提供有益借鉴。

第一节　连锁董事与组织冗余

连锁董事是指因董事个人同时在两家或两家以上企业董事会任职而引起的企业间联结关系（Mizruchi，1988）。基于连锁董事在现实经济生活中的普遍存在性和董事会在公司治理中的重要性，国外学者以西方发达国家连锁董事实践为基础，构建了连锁董事相关理论，主要包括资源依赖理论（Aldrich，1979）、金融控制理论（Eisenbeis and McCall，1978）、互惠理论（Schoorman et al.，1981）、管理控制理论（Koening et al.，1979）、阶层领导理论（Burt，1980）。以连锁董事相关理论为基础，国内外学者主要从连锁董事对企业绩效的影响（任兵等，2007；段海艳，2009；田高良等，2011）、连锁董事对企业价值的影响（Rafael and Alexandre，2007；Croci and Grassi，2011）、连锁董事对公司治理效率的影响（Fich and Shivdasani，2006；Erik et al.，2009）、连锁董事对企业行为的影响（Shipilov et al.，2010；Brian et al.，2011；杨蓓等，2011），连锁董事对董事个人的影响（Larcker et al.，2005）等，就连锁董事的效果展开理论分析与实证检验。对以上文献进行总结归纳后可发现，连锁董事这种企业间关系网络，可以大大降低网络中成员企业的资源搜索和获取成本，有利于企业获取外部资源的同时，也为董事成员利用连锁董事的边界扫描功能去挖掘隐藏于关系网络中的资源，然后利用这些资源进行寻租并谋求自身利益最大化提供了便利。

组织冗余是企业在生产给定水平产出时超出最低的必须投入所产生的资源存量，包括多余的人员、未利用的产能和不必要的资本费用等超额的投入，同时也包括未开发的、能增加产出的各种机会（Nohria and Gulati，1996）。组织冗余作为企业战略管理的核心概念之一，自被提出以来一直饱受争议（Gerger et al.，2006）。组织理论认为组织冗余的存在有利于企业的长期生存（Bourgeois，1981）；

第六章　连锁董事、组织冗余与企业技术创新研究综述

相反，代理理论则认为组织冗余的存在会导致企业效率低下，组织冗余本身是管理者的一种自利行为（Jensen and Meckling，1976）。Tan 和 Peng（2003）将组织理论与代理理论观点相融合，提出组织理论所指的、对企业有正向作用的冗余主要是指企业的未吸收冗余，而代理理论认为的、导致企业低效的冗余主要是指导企业的已吸收冗余。以组织冗余理论为基础，学者们从不同层面探讨了组织冗余对企业战略、经营绩效等的影响，例如：Geiger 和 Cashen（2002）提出，不同类型的组织冗余可能会激发经理层的不同战略风险行为，包括 R&D 投资，外部新产品并购，海外市场的扩张等；弗朗西斯等（Francis et al.，2004）使用 Meta-analysis 方法对 66 个研究中的 80 个样本进行了分析，结果显示三类组织冗余（可获取冗余，可恢复冗余和潜在冗余）与企业财务绩效均正向相关，并且控制了行业变量研究中组织冗余与企业绩效呈现出更强的相关关系；Lin 等（2009）使用 2000—2005 年我国台湾 179 家高科技行业的上市公司纵向数据，基于组织理论探讨了高度组织冗余和低度组织冗余对企业国际化的影响，分析结果显示：高度组织冗余和企业全球化之间存在 U 形关系，而低度组织冗余和企业国际化之间呈现正线性相关关系。

　　综观上述连锁董事与组织冗余相关研究成果，多是围绕连锁董事或组织冗余对企业绩效、企业战略等的影响而展开。既然连锁董事是企业应对不确定环境，获取外部资源的手段（Mol，2001），首先，组织冗余是用于以描述与分析企业资源存量的工具，连锁董事的外部资源获取功能如果影响企业资源存量，即组织冗余？相关研究尚未发现。其次，学者们对组织冗余的形式进行了多种界定，但已有研究多集中于有形的组织冗余，而对于企业发展具有决定性影响作用的知识资源等无形的组织冗余少有涉及。基于企业间信任而建立的连锁董事关系网络，更利于企业对知识资源等隐性的、无形资源的获取，如何将知识资源纳入组织冗余的分析框架，并进一步探讨连锁董事对组织冗余的影响，需要引起学者的关注。最后，企业的生存与发展离不开其所处的制度环境。然而，长期以来，制度

被认为是给定的，学者们多是将制度环境当作外生变量加以处理。由于中国正处于经济转型时期，各地制度化环境存在很大差异，连锁董事作为一种非正式制度化约束，其资源获取功能是否会受到外部制度化环境的影响？连锁董事与外部制度化环境之间存在怎样的互补与替代关系？这些问题均为未来提供了新的研究方向。

第二节　组织冗余与企业技术创新

大量学者围绕组织冗余与企业技术创新关系进行了广泛探讨（Lin et al.，2009；Huang and Chen，2010）。怀斯曼和布罗米利（Wiseman and Bromiley，1996）提出组织冗余"饥饿趋动"观点。他们将可获取的组织冗余看作企业是否健康的信号，充足的组织冗余可以为企业在面临突发、不利事件的冲击下提供保障，并且组织冗余可以激发企业的创新行为；另一些学者则认为组织冗余与创新绩效之间曲线相关（Tan，2003；Herold et al.，2006）。布儒瓦（Bourgeois，1981）最早预见组织冗余与技术创新之间可能存在非线性关系，在布儒瓦（1981）研究基础上，Nohria和Gulati（1996）通过对两个跨国公司的问卷调查分析，首次提出组织冗余与技术创新之间存在倒"U"形关系，企业适度的组织冗余对企业创新绩效有正向影响，组织冗余过多或过少均负向影响企业创新绩效（王艳等，2011）；近年来，有学者进一步提出不同类型的组织冗余对企业技术创新影响不同（Geiger and Cashen，2002；Tan and Peng，2003）。Geiger和Cashen（2002）利用250家财富500强公司连续十年的数据研究了不同类型组织冗余与技术创新的关系，结果表明：组织冗余中的可利用冗余、可开发冗余与企业技术创新存在倒"U"形关系，而潜在冗余与技术创新正相关。钟和平（2009）从组织冗余存在形态和资源可识别性角度将组织冗余划分为物质冗余、人力资源冗余和财务冗余，提出并证实物质冗余与技术创新之间呈倒"U"形关系，人力资源冗余与技术创新之间呈倒"N"形关系，财务冗余与技术创新之间呈"N"形关系。

以上文献就组织冗余对企业技术创新的影响进行了深入研究，但存在的问题是：一些企业存在某些组织冗余，会带动企业技术创新能力的提升；而另一些企业即使存在同样的组织冗余，却难以产出类似的技术创新。所以，组织冗余能否有效地转化为企业的创新产出，不仅依赖于组织冗余本身所包含的人力、物质、知识等资源，而且还依赖于企业如何配置与使用这些组织冗余相关资源。因此，如何将企业资源配置能力、使用效率以及外部的制度环境等相关因素纳入组织冗余分析框架，从不同视角更全面地探讨组织冗余与企业技术创新关系？由于中国国有企业在经济发展中占据主要地位，计划经济下政府对国有企业预算软约束，使其注重产品数量而非财务绩效，企业有动机储藏包括原材料和人力资源在内的冗余来应付带有行政色彩的绩效任务（郭立新等，2010），就市场竞争效率而言，这些组织冗余是低效的。那么如何结合中国实际情况，就国有企业中组织冗余对企业技术创新的影响进行探讨，并与非国有企业的研究结果进行对比分析，提高组织冗余的资源配置，引导其流向并服务于企业技术创新？这些均是亟待解决的现实问题。

第三节 连锁董事与企业技术创新

随着科学技术和知识经济的快速发展，技术创新已成为企业保持竞争优势的关键（Martinez – Ros and Orfila – Sintes, 2009），而技术创新是一项复杂的高风险活动，需要大量资源投入，单个企业依靠自身积累获得所有资源并实现创新不仅要付出高昂成本，而且还要面临灵活性降低、管理能力不足等风险。因此，通过借助于连锁董事、技术创新网络、供应链联盟和产业集群等关系网络，从多渠道获取创新资源就成为很多企业的必然选择。围绕关系网络与企业技术创新，学者们主要从两个层面展开探讨：

一 不同形式的关系网络对企业技术创新的影响

学者们围绕技术创新网络、供应链联盟、产业集群等关系网络对企业技术创新的影响进行了探讨，例如：克拉克和盖伊（Clark and Guy，1998）提出，技术创新网络既可以规避高额的市场交易费用，又可以避免较高的组织成本，是解决快速变化市场环境下技术创新问题的一个最佳模式，是应付系统性创新的一种基本制度安排，并具有非正式和隐含性的关系特征；张旭梅等（2011）以供应链企业间知识交易为视角，构建了信任、关系承诺、知识交易与合作创新绩效之间关系理论模型。利用结构方程模型结合256家供应链上下游企业的调查数据对上述理论模型进行了实证研究。研究结果表明，供应链企业间信任对关系承诺、知识交易与合作创新绩效有显著的正向影响。关系承诺对合作创新绩效有显著的正向影响，但其对知识交易的影响并不显著。知识交易对合作创新绩效有显著的正向影响；Beaudry和Breschi（2000）对比分析了23872家英国企业和37724家意大利企业在1988—1998年的技术创新产出数据，发现意大利传统产业集群区域内企业的创新能力与区域内相关企业的集聚密度呈负相关。类似的，鞠芳辉等（2012）提出，集群并不必然导致创新能力的提高；菲尔普斯（Phelps，2010）考察了联盟网络的结构、构成以及技术多样性对企业技术创新的影响，通过对77家通信设备制造商的纵向研究显示，企业联盟伙伴的技术多样性增加了其探索性创新，并且企业联盟伙伴之间的网络密度强化了这种多样性的影响。这项研究表明，网络密度和获得多样化信息共同促进了企业的探索性创新。

二 不同构成的关系网络对企业技术创新的影响

早期研究比较偏重从结构嵌入来研究关系网络对企业技术创新的影响。鲍威尔等（Powell et al.，1996）提出，企业在关系网络中的中心性越高，越有利于其学习和创新能力的提升。处于网络中心位置的企业可以及时获得更多的信息并了解技术的最新变化（Tsai，2001），提高了所获取知识与信息的多样性与互补性（Salman and Saives，2005），可以较方便地比较与甄别不同来源的信息，从而提

第六章 连锁董事、组织冗余与企业技术创新研究综述

高所获取信息的准确性（Bell，2005）。网络中心性可以有效地提升企业技术创新能力。除了从网络位置的中心性探讨关系网络对企业技术创新影响之外，Ahuja（2000）从直接关系、间接关系和结构洞三个方面探讨了企业的关系网络对其创新产出的影响。研究发现企业的直接关系和间接关系对其技术创新具有正向影响，而增加的结构洞数量对其技术创新具有负向影响。

针对已有研究偏重于从结构嵌入视角来探讨关系网络对企业技术创新的影响，Rutten（2004）提出是关系嵌入的内容而不是结构对企业技术创新产生影响。有研究发现强联结的双方往往有持续的、双向的沟通，这些因素促进了复杂知识的转移（Hansen，1999），因此强联结关系有助于创新绩效的提升（Moran，2005），而"弱联结的力量"能给行为者带来较高的搜索利益，能以更低的成本实现新颖的、已解码的知识的获取和转移（Hansen，1999）。阿姆里特（Amrit，2008）指出，不同类型的关系嵌入对技术创新的影响不同，弱联结关系能提供创新的潜能却缺乏整合能力，而强联结关系能提供整合能力却缺乏创新潜能。Capaldo（2007）发现，当企业的强联结数量占到企业整体网络数量超过60%时，企业将进入过分嵌入，会严重制约企业技术创新能力。强联结数量占总体企业网络数量的比例在15%—30%相对合理。因此企业应该建立具有双重性的网络关系，以提高企业的技术创新能力。

首先，已有研究成果多是围绕技术创新网络、供应链联盟和产业集群等不同形式的关系网络对企业技术创新影响展开的，至于连锁董事对企业技术创新影响如何，相关研究甚少。一方面，连锁董事的外部资源在获取可以有效增加企业创新资源拥有量的同时，降低企业创新决策中的信息不对称，以提高企业创新决策质量和董事会创新动力，进而影响企业创新资源的配置和使用并有效提升企业技术创新能力；另一方面，基于董事会在公司治理中的主体地位，连锁董事的外部资源获取有可能成为董事个人牟取私利的工具。因此，如何通过探讨连锁董事对企业技术创新的影响，进一步检验其在经济发展与企业运行中的功能定位，为规范连锁董事行为与提升

企业技术创新提供思路，是潜在的、非常有趣的研究课题。

其次，关系网络已有文献中，包括连锁董事的成因、效果等研究，多是仅使用结构嵌入中的网络位置指标，如度中心性、居中中心性、接近中心性等，分析工具过于单一，并且忽略了关系嵌入的内容。如何扩展结构嵌入的内容，将网络规模、网络异质性等指标纳入连锁董事结构嵌入的分析框架，并将关系嵌入的内容应用到连锁董事的相关研究中，从多层面、更深入地探讨连锁董事的功能与角色定位，需要引起学者们的关注。

第四节 研究述评与展望

对已有文献进行梳理发现存在的主要局限是：依据资源依赖理论，连锁董事是企业在确定环境下获取外部资源的手段，而企业技术创新需要大量的资源投入，那么连锁董事如何影响企业技术创新？影响产生的机理和条件是什么？连锁董事作为企业获取外部资源的手段，如何影响企业内部资源存量，即组织冗余？连锁董事是否会通过影响组织冗余而对企业创新绩效产生间接影响？中国正处于经济转型时期，各地市场化进程存在很大差异，连锁董事作为一种非正式制度安排，外部正式制度安排的完善程度如何影响连锁董事功能发挥？如何规范与引导企业间连锁董事的建立，充分发挥连锁董事的资源获取功能并使资源有效流向企业技术创新，提高内外部资源使用效率的同时，有效利用组织冗余以提升企业创新绩效？相关方面研究甚少。因此，如何全面、深入地认识和理解连锁董事的资源获取功能并将连锁董事这种典型的非正式制度安排与企业资源优化和创新绩效的提高有机结合，是当前亟待解决的极为重要的现实课题。

第五节 本章小结

本章基于资源视角，对连锁董事、组织冗余与企业技术创新关系已有研究进行梳理，从连锁董事与组织冗余、组织冗余与企业技术创新、连锁董事与企业技术创新三者之间关系已有文献进行总结与归纳，指出已有研究的不足与未来的研究展望。同时，在当前中国企业普遍存在"一方面，创新资源贫乏，创新能力低下；另一方面，长期的粗放式经营，使得企业存在大量的组织冗余"的现实背景下，如何结合中国实际，积极引导企业借助连锁董事关系网络，通过外部资源获取提高企业资源持有存量的同时，使资源有效地流向技术创新，进而提升企业创新绩效？中国正处于经济转型时期，各地区的市场化进程存在显著差异，连锁董事作为一种非正式制度安排，外部制度环境如何影响连锁董事对技术创新的作用发挥？随着中国市场化程度的不断提高，连锁董事发挥作用的空间如何变化？如何通过正确引导企业间建立连锁董事，合理规范企业的趋利避害行为，进而为企业技术创新提供支持的同时，又能对企业不当行为加以规范？这些都需要进一步深入思考并有待解决。

第七章 连锁董事对组织冗余的影响研究

组织冗余是指企业为保证生产顺利进行，在满足最低水平生产需要后剩余的、额外的资源，主要包括多余人员、产能及费用支出等，同时企业拥有的、未利用的、可以带来利益的各种机会也可以被认定为组织冗余（Nohria and Gulati, 1996）。尽管组织冗余在企业战略管理中占据很重要的位置，但是自组织冗余这一概念提出以来，学者们对于它的概念及作用的判断依然存在很大分歧。组织理论视角下的组织冗余是为了企业的长期生存而存在的（Bourgeois, 1981）；代理理论视角下的组织冗余本身就是管理者的一种自利行为表现，组织冗余的存在会导致企业效率低下（Jensen and Meckling, 1976）。Tan 和 Peng（2003）通过将两种理论相互对比融合后认为，组织理论主要是针对组织冗余中未吸收冗余，它能够对企业产生积极的作用。而代理理论则是将组织冗余中已吸收的冗余看作是导致企业低效的重要原因。

以组织冗余相关理论为基础，学者们从不同层面探讨了组织冗余对企业战略、经营绩效、创新绩效等影响，例如：Geiger 和 Cashen（2002）提出，不同类型组织冗余可能会激发经理层的不同战略风险行为，包括 R&D 投资、外部新产品并购、海外市场扩张等；Lin 等（2009）使用 2000—2005 年我国台湾 179 家高科技行业的上市公司纵向数据，基于组织理论探讨了高度组织冗余和低度组织冗余对企业国际化的影响，分析结果显示：高度组织冗余和企业全球化之间存在 U 形关系，而低度组织冗余和企业国际化之间呈现正线性相关关系；弗朗西斯等（2004）使用 Meta - analysis 方法对 66 个

第七章 连锁董事对组织冗余的影响研究

研究中的 80 个样本进行了分析，结果显示，三类组织冗余（可获取冗余、可恢复冗余和潜在冗余）与企业财务绩效均正向相关，控制行业变量后组织冗余与企业绩效呈现出更强的相关关系；Nohria 和 Gulati（1996）采用问卷调查的方法对两个跨国公司进行对比分析后发现组织冗余和技术创新存在一定的相关性，进一步进行回归分析之后发现，两者呈倒"U"形关系。组织冗余决定企业创新绩效，只有当组织冗余处于最佳水平时才能对企业绩效产生积极的影响，而过多过少的组织冗余都会在一定程度上制约企业创新绩效的提高（王艳等，2011）。

组织冗余研究对于客观、全面地认识组织理论、代理理论等相关理论以及组织冗余在企业经营中的作用与功能定位，均有着积极的理论与现实意义。但已有文献侧重于组织冗余效果研究，包括其对企业战略、经营绩效、技术创新等的影响。至于组织冗余的前因变量，即组织冗余的产生原因，很少有文献涉及。连锁董事是指因董事个人同时在两家或两家以上企业董事会任职而引起的企业间联结关系（Mizruchi，1988）。基于企业间信任而建立的这种关系网络，可以为企业带来资金、信息、战略制定等各种有形、无形的资源，提高企业资源获取能力并降低对外部环境的依赖性（Mol，2001）。既然连锁董事有助于企业获取外部资源，组织冗余是用于描述企业资源存量的分析工具，那么连锁董事的外部资源获取功能是否影响企业资源存量，即组织冗余？组织冗余是企业内部资源存量，那么企业对现有资源的配置效率是否影响组织冗余？基于以上考虑，本章以资源为主线，以资源依赖理论和代理理论为支撑，使用社会网络分析等方法，就连锁董事的外部资源获取功能和企业内部资源配置效率对资源存量，即组织冗余的影响进行探索性研究。在考察组织冗余成因的基础上，结合已有的组织冗余效果研究，全方位认识与理解组织冗余，进而为合理规范与引导组织冗余，从资源层面为企业发展提供有益支持。

第一节 理论分析与研究假设

一 资源获取与组织冗余

首先,连锁董事的动态资源获取能力与企业静态资源存量——组织冗余之间具有互补关系。资源依赖理论认为,资源是约束企业发展的一个重要因素。企业能否在激烈市场竞争中立于不败之地,主要取决于企业获取与控制外部资源的能力(Aldrich,1979)。我国正处于转型经济时期,与成熟的市场经济相比,根本差异在于制度体系的发达程度不同(Welter,2004)。如果说在成熟市场经济条件下,企业间网络关系只是对正式制度的补充,那么在转型经济情况下,企业间网络关系则是不健全正式制度的一种替代并起主导作用(朱秀梅等,2011)。因董事个人在多家企业同时担任董事职务而引起的连锁董事关系,作为企业间网络关系的重要表现,不仅是一种替代制度化约束的形式,而且是企业更便利、更有效获取发展所需资源的方式与手段(段海艳,2012):其一,借助于连锁董事关系网络的边界扫描功能,网络中的成员企业可以快速、准确地识别潜在的资源所有者;其二,基于企业间信任而建立的连锁董事关系,有利于企业以较低成本获取资源。企业对连锁董事关系网络中各种资源的搜索与获取效率取决于其所拥有的关系数量。与其他企业建立的关系数量不同,其所占据的资源以及对其他企业的控制力和影响力也不同。一般而言,如果企业拥有相对较多的联结关系,其在资源获取、市场竞争中都会有相对优势。借助于连锁董事网络关系提供的便利,企业能够快速高效地寻找到优质的资源供应方并以最低成本获取它们。因此,在连锁董事关系网络中,企业拥有的连锁董事数量越多,其外部资源获取能力就越强。

组织冗余是企业内部存量资源,能够提供应对各种威胁的堡垒(Cyert and March,1963)。在多变的内外部环境下,企业寻求能够持续支持组织稳定与持续发展的方式,并由此导致企业产生组织冗

第七章 连锁董事对组织冗余的影响研究

余。相对于动荡、多变的环境，这种冗余资源可以给企业更大的缓冲，帮助企业保持稳定，为企业创新提供资源，缓解企业内部各单元之间的目标冲突（Bourgeois，1981）。既然连锁董事关系网络有助于企业获取外部资源，而组织冗余用于刻画企业内部资源存量。那么可以推断，随着企业拥有的连锁董事关系数量增加，其对外部资源的动态获取能力会相应加强，由此带来企业资源存量，即组织冗余的增加。因此提出假设 H1。

H1：企业拥有的连锁董事数量与组织冗余正相关。

其次，连锁董事动态资源获取能力的提高会降低企业对冗余资源的需求，即连锁董事的资源获取能力与组织冗余之间具有替代关系。在市场环境不断变化、企业间竞争模式不断变革背景下，中国经济转型时期战略要素市场不完善、资本市场不成熟以及各种制度缺位等均给企业经营带来更大的不确定性，"不确定性"成为企业经营环境中唯一可以确定的因素。作为应对内外部环境变化而作出的战略调整，组织冗余是企业一种现实或潜在的资源缓冲器（Bourgeois，1981），是企业内部所能提供的资源。其主要功能是用来削弱环境变化的影响并帮助企业适应环境，以免做出不必要的重大改变（Thompson，1967）。基于企业间信任而建立的连锁董事关系网络，由于网络中成员数量相对较少，彼此资格与身份相对固定，所以企业之间交易可以在稳定预期的前提下进行，交易的成功得以保障（罗丹阳等，2006）。连锁董事有助于企业以较低成本搜索并获取所需资源的同时，大大降低企业经营环境的不确定性。因此，组织冗余和连锁董事均是企业为了应对不确定环境而做出的理性战略选择，两者之间存在一定的替代关系。换言之，连锁董事的外部资源获取功能可以有效降低企业对内部资源存量，即组织冗余的内在需求。

再次，组织冗余源于企业决策的有限理性，而连锁董事可以降低企业战略决策的有限理性，故可推断连锁董事与组织冗余之间呈负相关，即连锁董事数量越多，企业对组织冗余的需求越低。方润生等（2004）在有限理性视角下提出当企业决策者处于多变环境中时，易受价值偏好、利益关系、组织学习以及决策机制等因素的影响，因此企业配置资源的行为并不总是理性的。这种在有限理性支配下的资源配置行为，使企业资源无论在数量上还是在价值上，都产生组织冗余。借助在连锁董事关系网络中所处的核心位置，董事个人有机会接触各企业最新战略决策与商业机密，进而可以更全面、更准确地推测与判断行业发展的最新概览；同时，基于董事在公司治理和企业战略制定中的核心地位，连锁董事关系网络有助于成员企业获取财务、信息等各种有形、无形的资源，因此在董事会决策中能够提出更为全面、合理、科学的建议，在一定程度上降低决策者的有限理性，进而降低企业对组织冗余的需求。

最后，连锁董事不是简单存在和出现的，可能是董事个人同时在多家企业董事会任职的偶然结果，也可能是企业为了获取某种特定资源刻意建立的不管建立连锁董事的初衷如何，连锁董事关系网络中成员企业之间资源的转移充满不确定性，网络的交互作用也很难事先设计与控制，连锁董事是一把"双刃剑"，可以给成员企业带来资源的同时，可能产生负面影响，使成员企业陷入资源浪费；而且，连锁董事关系网络的作用是动态变化的，特定的网络关系并不是在企业任何阶段都是有用的。随着时间的推移，连锁董事可能无法继续服务于企业的战略目标，有时甚至会成为企业负担并为此付出相应代价。这些均会导致企业现有资源存量，即组织冗余的减少。

基于以上分析可推断：随着企业拥有的连锁董事关系数量增加，组织冗余会减少。故提出假设H2。

H2：企业拥有的连锁董事数量与组织冗余负相关。

二 资源配置与组织冗余

资源基础理论认为，企业是各种资源的集合体，而且企业拥有的资源各不相同，企业对所拥有资源的独特运用能力构成企业的核心竞争力（Barney，1991）。长期以来，我国高能耗低产出的经济发展模式导致资源浪费和低效使用的现象非常严重，资源对整个社会经济发展的约束作用越来越大。很多企业面临着包括资金、技术、

第七章 连锁董事对组织冗余的影响研究

环境等在内的各种资源的约束（李克强，2007）。如何在资源约束情境下，合理配置与高效使用现有资源，成为企业实现持续发展和获取竞争优势的关键。企业现有资源主要包括所有者投入的权益资本、债权人投入的债务资本、员工投入的人力资本等，相关利益方投入资源的最终目的是获取经济利益。因此，对于企业而言，如何通过对不同利益相关方所投入各类资源的加工与重组，使之相互联系、相互渗透，形成合理的结构，实现资源利用的整体优化，进而实现企业自身经济利益最大化的同时，满足各资源投入方的经济利益诉求并向企业持续投入资源，成为企业生存与发展的根本。同时，企业是营利性组织，谋取利润是企业的本质要求。为了创造利润，创造剩余价值，企业必须对现有资源进行有效的整合与利用，争取以最少的投入获取最大产出。企业资源配置效率不同是企业拥有相似资源而产出却有较大差异的主要原因（Zott，2003）。

组织冗余是企业可以得到的资源与实际需要资源之间的差额，或超出实际需要而保留在企业内部并被个人或小团体控制的资源（Cyert and March，1963），是企业不必要的成本（Leibenstein，1969）；詹森和梅克林（Jensen and Meckling，1976）认为，组织冗余是一种低效率的表现，是一种只对经理人有利，而企业没有充分利用的资源。目前被学术界普遍认可与采用的定义是布儒瓦（1981）提出的：组织冗余是企业资源使用效率低下、无序投资的反映；是一种过量的、能自由利用的资源，能够应对环境的变化。由此可以看出，组织冗余是一种以不同形式存在于企业内部的资源，并且只有当企业实际占有资源多于企业实际需要资源时，组织冗余才会在企业内部存积下来。而"企业实际占有资源多于企业实际需要资源"的主要原因之一就是企业对现有资源的配置效率低下。李晓翔、刘春林（2011）提出，企业对组织冗余的数量应当有一个期望值，该期望值可能受到企业之前组织冗余数量、行业环境、企业内部运营效率等因素的影响。管理者对组织冗余作用的理解及其制定和执行的策略等也会影响到对组织冗余数量的期望。如果管理者致力于追求效率、减少浪费，那么其对组织冗余数量的期望会较低。因此可推断：企业的资源配置效率越高，其组织冗余数量会越少，反之亦然。故提出假设H3。

H3：企业的资源配置效率与组织冗余负相关。

三 其他因素与组织冗余

(一) 企业规模

在现代市场经济条件下，大规模企业在资金、人才、技术创新等方面的相对优势，使无论国内企业还是国外企业都表现出很强的扩张态势（石建中，2008）。快速扩张会造成企业现有资源的极大消耗，使企业面临极大的风险，如果企业现有资源跟不上增长速度的需要，就会导致企业陷入财务困境甚至威胁到企业的生存。特别是在中国当前的经济条件下，整个国民经济增长方式多以粗放型为主，经济增长的主要特点是"高能耗，低产出"。因此，中国企业规模扩大是以资源的快速消耗为代价。在这种情况下，组织冗余随着企业规模的扩大，数量反而会减少。故提出假设H4。

H4：企业规模与组织冗余负相关。

(二) 企业绩效

企业绩效指一定经营期间的企业经营效益和经营者业绩。从资源使用的角度来看，企业绩效越好，意味着企业资源配置与利用效率越高，相应的，组织冗余数量越少；从资源供给的角度来看，绩效越好的企业更有能力获取资源进而提高组织冗余。从已有研究的结果看，国内相关研究尚未发现，在国外研究中：Chakravarthy（1986）发现与经营绩效较差的企业相比，经营绩效较好的企业，拥有更多的组织冗余；面临破产的企业与经营状况良好的企业相比，前者组织冗余的平均值显著低于后者（Hambrick，1988）；企业绩效的好坏会影响组织冗余的水平，两者呈现负相关关系，即好的绩效会引起组织冗余增加；反之则减少（Bromiley，1991）。结合以上分析，提出假设H5。

H5：企业绩效与组织冗余正相关。

(三) 企业年龄

企业创立初期由于禀赋资源少、信息不对称、不确定性高等特点，使其面临的资源约束问题尤为明显。一方面，"新生性"使其不具备在企业内部创造资源的能力；另一方面，缺少绩效记录及其信息不对称等问题成为新创企业获取外部资源的障碍（朱秀梅等，2010）。随着企业的成长，其生存技能相应增加，构建关系网络的数量以及理性获取外部资源的能力得以提升。更重要的是，年龄较长企业有机会尝试持有不同类型、不同数量的组织冗余，通过反复不断地尝试与学习，企业可以选择最适于生存的组织冗余持有模式；并且，年龄较长的企业更有能力识别它们所需要的资源种类，而不是依赖大量难以识别的、不特定的资源。所以随着企业年龄的增长，其持有的过量资源，即组织冗余数量会减少。故提出假设 H6。

H6：企业年龄与组织冗余负相关。

（四）企业性质

中国正处于计划经济向市场经济的转型时期，国有企业与非国有企业并存且都在国家经济生活中发挥着独特作用。国有企业资源获取方面的优势和资源使用方面的不足使得其拥有较多的组织冗余：一方面，国有企业特有的性质，使其常常受到政府扶持并可以较低成本获取资源；银行也更倾向于已经拥有大量资源的国有企业提供贷款；另一方面，中国国有企业庞大且复杂，除谋取利润外还承担着某些特定的社会责任。国有企业的所有者缺位等特定的治理制度缺陷，导致国有企业资源配置效率低下。

相对于国有企业，非国有企业通常生命周期较短，由于中国转型经济下正式制度的缺乏，非国有企业面临的制度环境、商业惯例等不利于资源获取与发展（Ahlstrom and Bruton, 2001）。制度性保护的缺失使得非国有企业更可能受到政府歧视，被征以高额税负来增加当地财政收入。由于能够获取的物质资源、行政资源等有限，非国有企业不得不高效利用有限资源。因此非国有企业持有的组织冗余数量较少。故提出假设 H7。

H7：国有企业组织冗余显著高于非国有企业。

第二节 数据来源与变量设计

一 数据来源与处理

本章有关数据来源于金融界网站（http://www.jrj.com.cn），收集截至 2011 年 12 月 31 日上海、广东两地上市一年以上且有对应年报的 530 家 A 股上市公司的董事会成员构成、资源配置与组织冗余水平等相应指标。在对数据进行收集整理之后，分别采用 MATLAB 7.0.1、UCINET 6.0 及 DEAP 2.1 等软件工具对数据进行初步加工整理、对连锁董事进行社会网络分析及对企业资源配置效率进行数据包络分析，最后对组织冗余成因的实证分析则是借助于 SPSS 16.0 软件包来完成。

需要指出的是，为保证连锁董事关系网络的完备性，将上海、广东两地 530 家企业全部纳入分析范围；而对组织冗余成因进行实证检验时，考虑数据的可靠性，本书剔除了 ST、*ST 公司以及被注册会计师出具非标准审计意见的 24 家企业，同时还剔除了金融类企业和数据不全的 5 家企业，最终有效样本 490 个。

二 变量设计

（一）被解释变量

为从资源获取与配置的角度揭示组织冗余成因，本书将组织冗余设为被解释变量。组织冗余的测度方法中，目前运用比较广泛的有两种：

1. 二维分类法

根据组织冗余在企业里的存在状态，即是否被企业的生产过程所吸收，将组织冗余划分为"已吸收冗余"和"未吸收冗余"（Singh，1986）。其中已吸收冗余是指企业中超过成本需要的、不易重新配置的资源，使用"（销售费用+管理费用+财务费用）÷营业收入"来测度；未吸收冗余是指当前还没有投入使用、较容易重新配置到其他方面使用的、相对容易辨别的资源（Tan and Peng，

2003),使用"现金÷流动负债"来测度。对于已吸收冗余,考虑有些企业特定的行业背景导致"销售费用"数据缺失,本书还选取"管理费用÷营业收入"来测度已吸收冗余。为表示区别,(销售费用+管理费用+财务费用)÷营业收入为已吸收冗余1,管理费用÷营业收入为已吸收冗余2。

2. 三维分类法

主要通过三个指标来测量组织冗余程度,包括流动比率、所有者权益÷负债与费用收入比(Bourgeois,1981;蒋春燕、赵曙明,2004)。流动比率为流动资产÷流动负债,它主要反映企业当前偿还债务的能力,比值越大表明企业当前的可支配资源越多;所有者权益/负债代表企业对负债资本的保障程度,反映企业的融资能力;费用收入比=管理费用÷营业收入,该指标反映了被融入企业体系的冗余资源。本书选用二维分类方法进行组织冗余成因的相关与回归分析,运用三维分类法进行稳健性检验。

(二)解释变量

解释变量有三:一是连锁董事数量;二是资源配置效率;三是其他因素。

1. 连锁董事数量

(1)度中心性。以上海、广东两地全部董事构成的连锁董事关系网络为研究对象,选取绝对度中心性为研究变量,具体操作通过UCINET 6.0软件来实现。

(2)强连锁数量。为更好地研究连锁董事关系,根据董事会构成不同,进一步引入强关系和弱关系,并将连锁董事关系细分为强连锁关系和弱连锁关系。具体而言,如果董事个人在两家以上企业同时担任执行董事的角色,那么企业之间的关系为强连锁关系;相应的,如果企业之间的共同董事仅担任独立董事,那么企业之间的关系为弱连锁关系。具体操作通过UCINET 6.0软件来实现。

2. 资源配置效率

以资产、权益、员工数、主营业务成本、管理费用为投入指标,以净资产收益率、主营业务收入、资产周转率为产出指标,采用 DEA 模型计算企业资源配置的相对有效性。其中资产、收益、员工数选用 2011 年年初年末的平均数,其他均采用年度数据。具体操作通过 DEAP 2.1 软件来实现。

3. 其他因素

(1) 企业规模。选用企业总资产来测度企业规模,为保证其正态性,对总资产取对数。

(2) 企业绩效。选用净资产收益率来衡量。

(3) 企业年龄。从企业注册日起至 2012 年年末止所历经的年度;企业性质。选用 2011 年年末最终直接或间接控制人性质为标准将样本企业划分为国有企业与非国有企业,并将其设计为虚拟变量来进行研究,即当企业为国有时,$X_i = 1$;当企业为非国有时,$X_i = 0$。

第三节 实证分析

由于本章研究的目的是考察基于资源获取的企业连锁董事数量、企业的资源配置效率以及其他相关因素对组织冗余的影响作用,所以首先借助 UCINET 6.0 软件分析用来测度连锁董事数量的度中心性、强连锁数量;其次使用 DEAP 2.1 软件分析企业的资源配置效率。组织冗余的相关变量已吸收冗余、已吸收冗余 1、未吸收冗余以及其他相关因素通过指标收集并计算取得。所有相关变量的描述性统计分析结果如表 7 - 1 所示。

需要说明的是,表 7 - 1 中已吸收冗余最小值为 - 0.005,所以会出现负值,是因为"已吸收冗余 = (销售费用 + 管理费用 + 财务费用) ÷ 营业收入",在指标计算中,个别企业的利息收入超出利息支出与手续费之和导致财务费用为负值,而销售费用与管理费用之和不足以抵补负向的财务费用。

表 7 – 1　　　　　　　　相关变量的描述性统计分析

	最小值	最大值	平均值	标准差
已吸收冗余1	-0.005	3.410	0.186	0.193
已吸收冗余2	0.004	0.680	0.096	0.069
未吸收冗余	0.007	43.211	2.623	5.036
度中心性	0	13	2.060	2.153
强连锁数量	0	7	0.590	1.123
资源配置效率	0.182	1.000	0.622	0.187
企业规模	17.902	26.851	21.693	1.347
净资产收益率	-48.230	63.150	7.888	9.594
企业年龄	3	32	16.100	5.649
企业性质	0	1	0.350	0.477

一　相关性分析与均值差异检验

首先，为了避免各解释变量之间出现多重共线性问题，将被解释变量与各数值型解释变量进行相关性分析，结果如表7－2所示。相关性分析结果显示，组织冗余三个测度变量中已吸收冗余1、已吸收冗余2与未吸收冗余两两之间均具有较强的相关性。其中，已吸收冗余1与已吸收冗余2、已吸收冗余2与未吸收冗余在1%水平下显著正相关，且相关系数均在0.3以上，已吸收冗余1与未吸收冗余在5%水平下显著正相关。各解释变量中，用于测度连锁董事数量的度中心性与强连锁数量在1%水平下显著正相关，且相关系数高达0.612，因此，在回归分析中，将这两个变量分别放入回归模型进行检验。除此之外，其他各解释变量之间的相关系数均在0.3以下，说明这些变量间不存在多重共线性问题。

同时，在组织冗余成因分析的各解释变量中，基于中国特有的制度背景，本章还选取了企业性质这个两分类变量。为了检验两种不同性质的企业：国有企业与非国有企业组织冗余之间是否存在显著性差异，对这两类企业的组织冗余进行均值差异性（即ANOVA）检验，结果如表7－3所示。由分析结果可知，非国有企业已吸收冗

表7-2 被解释变量与各数值型解释变量之间的相关性分析

	已吸收冗余1	已吸收冗余2	未吸收冗余	度中心性	强连锁数量	资源配置效率	企业规模	净资产收益率	企业年龄
已吸收冗余1	1.000								
已吸收冗余2	0.497***	1.000							
未吸收冗余	0.119**	0.336***	1.000						
度中心性	-0.023	-0.074	-0.086*	1.000					
强连锁数量	-0.036	-0.068	-0.119***	0.612***	1.000				
资源配置效率	-0.093**	-0.427***	-0.170***	0.032	-0.012	1.000			
企业规模	-0.190***	-0.378***	-0.301***	0.244***	0.234***	0.057	1.000		
净资产收益率	0.074	-0.105**	0.021	0.048	0.058	0.248***	0.092**	1.000	
企业年龄	0.043	-0.068	-0.239***	0.082*	0.138***	0.170***	0.212***	0.039	1.000

注：*、**、***分别表示在1%、5%和10%的水平下显著。

表 7-3　不同性质企业三类组织冗余的 ANOVA 检验

解释变量	属性	平均值	标准差	F 值	显著性水平
已吸收冗余 1	国有企业	0.149	0.120	8.439	0.004
	非国有企业	0.204	0.219		
已吸收冗余 2	国有企业	0.073	0.053	29.716	0.000
	非国有企业	0.108	0.074		
未吸收冗余	国有企业	0.790	1.538	37.387	0.000
	非国有企业	3.606	5.913		

余 1、已吸收冗余 2 和未吸收冗余均在 1% 水平下显著高于国有企业。

二　回归分析

基于本章重点考察企业资源获取能力与资源配置效率对组织冗余的影响，因此首先分析其他因素，即企业规模、净资产收益率、企业年龄和企业性质对三类组织冗余的影响；其次以企业规模、净资产收益率、企业年龄和企业性质为控制变量，重点检验体现企业资源获取能力的度中心性和强连锁数量，以及资源配置效率对组织冗余的影响。由相关性分析结果可知，度中心性和强连锁数量具有较强的相关性，故将这两个变量分别放入回归模型进行分析。按照这样的研究思路，以组织冗余的三类测度变量：已吸收冗余 1、已吸收冗余 2 和未吸收冗余为被解释变量，分别进行回归分析并构建回归模型 1 至模型 9，结果如表 7-4 所示。同时，用方差膨胀因子（VIF）指数对回归方程中各解释变量之间多重共线性问题进行了识别，分析结果表明，所有回归模型的 VIF 值均大于 0 且小于 2，因此解释变量之间不存在多重共线性问题。

由表 7-4 可知，反映企业资源获取能力的度中心性和强连锁数量两个变量中，度中心性对已吸收冗余 1、已吸收冗余 2 以及未吸收冗余均有不显著的正向影响，强连锁数量对已吸收冗余 1 和未吸

表7-4　不同类型组织冗余成因的OLS回归分析

回归模型	已吸收冗余1			已吸收冗余2			未吸收冗余		
解释变量	模型1	模型2	模型3	模型4	模型5	模型6	模型7	模型8	模型9
公司规模	-0.182***	-0.193***	-0.187***	-0.337***	-0.366***	-0.363***	-0.223***	-0.232***	-0.227***
净资产收益率	0.089*	0.119**	0.122***	-0.076*	0.029	0.029	0.047	0.082*	0.084*
企业年龄	0.113**	0.128***	0.128***	0.036	0.090**	0.089**	-0.159***	-0.142***	-0.139***
企业性质	-0.085	-0.070	-0.063	-0.081	-0.030	-0.025	-0.095*	-0.076	-0.070
度中心性		0.028			0.028			0.002	
强连锁数量			-0.012			0.005			-0.036
资源配置效率		-0.120**	-0.122**		-0.425***	-0.425***		-0.141***	-0.144***
F检验值	7.031***	5.863***	5.811***	21.764***	37.130***	37.012***	18.378***	14.167***	14.296***
调整的R^2	4.9%	5.9%	5.8%	14.5%	30.7%	30.6%	12.4%	13.9%	14.0%

注：*、**、***分别表示在1%、5%和10%的水平下显著。

收冗余有不显著的负向影响，对已吸收冗余2有不显著的负向影响。故拒绝假设 H1、H2；资源配置效率对已吸收冗余1、已吸收冗余2和未吸收冗余均有显著负向影响，故接受假设 H3。控制变量中，公司规模对已吸收冗余1、已吸收冗余2和未吸收冗余均有显著负向影响，因此接受假设 H4；净资产收益率对已吸收冗余1和未吸收冗余有显著正向影响，而对已吸收冗余2有显著负向影响，加入资源获取与配置效率相关变量后，影响作用不再显著。故部分接受假设 H5；企业年龄对已吸收冗余1和已吸收冗余2有显著正向影响，而对未吸收冗余有显著负向影响，因此部分接受假设 H6；企业性质对已吸收冗余1、已吸收冗余2均有不显著的负向影响，对未吸收冗余的影响较显著，但加入资源获取与资源配置等相关变量后，负向影响作用不再显著。故拒绝假设 H7。

第四节　稳健性检验

本节在组织冗余二维分类变量相关与回归分析的基础上，运用三维分类法对组织冗余成因进行稳健性检验。

首先，参照陈晓红等（2012）做法，对组织冗余的三维测度变量（流动比率、权益负债比和费用收入比）进行因子分析。为了判断流动比率、权益负债比和费用收入比这三个变量是否适宜做因子分析，使用 SPSS 16.0 进行 KMO 检验和巴特利球形检验，KMO 的检测值为 0.552，说明各变量的相关性程度已经达到继续进行因子分析的标准，因此检测继续。在接下来的巴特利球形检验中，χ^2 统计值的显著性概率为 0.000，进一步说明各变量间具有较强相关性。因此，适宜做因子分析。

其次，在对流动比率、权益负债比和费用收入比分别进行因子分析的适宜性判断以后，借助主因子方法对这三个指标进行分析，结果显示其中一个因子可以解释原有变量方差的 71.367%，且特征根大于1，由此可以推定其为主因子。进一步地，根据特征值和载荷系数计算的三个指标的特征向量值分别为 0.958、0.961 和 0.546，因此按照组织冗余 = 流动比率 × 0.958 + 权益负债比 × 0.961 + 管理费用收入比 × 0.546 计算对应的组织冗余数值。

再次，以计算出的组织冗余为被解释变量，对组织冗余与各数值型解释变量之间的相关性进行检验，结果如表 7-5 所示。分析结果显示：组织冗余与测度资源获取能力的度中心性、强连锁数量之间均在 1% 水平下显著负相关；组织冗余与企业资源配置效率在 1% 水平下显著负相关。控制变量中，组织冗余与企业规模、企业年龄均在 1% 水平下显著负相关，与净资产收益率有不显著的正相关关系。

表 7-5　组织冗余与各数值型解释变量之间的相关性分析

	组织冗余	度中心性	强连锁数量	资源配置效率	企业规模	净资产收益率	企业年龄
组织冗余	1.000	-0.119***	-0.129***	-0.177***	-0.337***	0.016	-0.234***

注：＊＊＊表示在 10% 的水平下显著。

同时，检验不同性质的企业，即国有企业与非国有企业的组织冗余之间是否存在显著性差异，结果如表 7-6 所示。由分析结果可知，非国有企业的组织冗余在 1% 水平下显著高于国有企业。

表 7-6　不同性质企业组织冗余的 ANOVA 检验

解释变量	属性	均值	标准偏度	F	Sig.（双尾）
组织冗余	国有企业	3.148	3.631	47.587	0.000
	非国有企业	10.662	13.988		

最后，分两步对组织冗余成因进行回归分析。第一步，以公司规模、净资产收益率、企业年龄和企业性质为解释变量，分析它们对组织冗余的影响，并构建回归模型 10；第二步，以公司规模、净

第七章 连锁董事对组织冗余的影响研究

资产收益率、企业年龄和企业性质为控制变量，进一步分析反映企业资源获取能力的度中心性、强连锁数量和企业资源配置效率对组织冗余的影响。由于度中心性和强连锁数量具有较强相关性，为避免多重共线性问题，将这两个变量与资源配置效率一起分别构建回归模型 11 和模型 12。分析结果见表 7-7。

由回归分析结果可知，反映企业资源获取能力的度中心性和强连锁数量对组织冗余均有不显著的负向影响，故拒绝假设 H1、假设 H2；资源配置效率在 1% 水平下对组织冗余有显著负向影响，故接受假设 H3。控制变量中，公司规模在 1% 水平下对组织冗余有显著负向影响，故接受假设 H4；净资产收益率对组织冗余的正向影响在部分回归模型中显著，因此部分接受假设 H5；企业年龄对组织冗余有显著负向影响，故接受假设 H6；企业性质对组织冗余有显著负向影响，因此拒绝假设 H7。对照第 4 部分二维分类变量组织冗余成因的分析结果可知，各解释变量中除企业年龄对组织冗余的分析结果略有出入外，其他变量对以不同方法测度的组织冗余影响作用均呈现出较强的稳健性。

表 7-7　　　　　组织冗余成因的 OLS 回归分析

回归模型 解释变量	组织冗余		
	模型 10	模型 11	模型 12
公司规模	-0.250***	-0.256***	-0.254***
净资产收益率	0.043	0.080*	0.082*
企业年龄	-0.140**	-0.122***	-0.119***
企业性质	-0.119**	-0.096	-0.094*
度中心性		-0.022	
强连锁数量			-0.036
资源配置效率		-0.147***	-0.149***
F 检验值	21.978***	16.875***	16.967***
调整的 R^2	14.6%	16.3%	16.4%

注：*、**、*** 分别表示在 1%、5% 和 10% 的水平下显著。

第五节 结果讨论

一 用以测度连锁董事资源获取能力的度中心性和强连锁数量对组织冗余影响不显著

原因可能有二：

（一）连锁董事的建立更多的是出于董事个人利益方面的考虑，而不是为了提升企业资源获取能力

连锁董事是企业董事成员通过在彼此董事会任职而形成的网络联结，可以从两个层面来理解这种企业间网络关系（Richardson，1987）。第一，将该网络关系看成是一种社会现象——作为必须拥有某些技能或知识的上流社会成员交往的系统，其目的是支持整个上流社会对国家经济生活的控制；第二，将其看作为达到一定经济目的（对企业而言是谋取高额利润），系统成员间进行信息交流和政治协调的实用工具，其目的是获取经济利益。基于这两个层面连锁董事两大基础理论应运而生，即阶层领导理论和资源依赖理论。基于阶层领导理论建立的连锁董事侧重于维护管理层精英的利益，而基于资源依赖理论建立的连锁董事侧重于提升企业的资源获取能力并维护企业利益。段海艳等（2008）发现，连锁董事关系网络可以增加以CEO为代表的管理阶层的财务报酬，而不会带来企业经营绩效的改善；本书研究结果也证实了连锁董事关系网络对于企业资源获取能力的影响不显著。那么是否意味着当前企业间连锁董事关系网络更多的是董事个人谋取私利的手段，而不能提升企业的资源获取能力以及经营业绩？我们是否应当严格立法限制董事任职的资格与条件，从而为企业提供规范、有效的外部运营环境？这些都是未来研究方向。

（二）基于企业间信任而建立的连锁董事关系网络，为企业隐性资源获取提供了平台，对显性资源获取影响不大，而隐性资源获取能力的提升在现有组织冗余的测度中无法体现

豪斯蔡尔德（Haunschild，1993）基于组织学习理论提出连锁

第七章 连锁董事对组织冗余的影响研究

董事有利于企业间相互模仿,特别是模仿与之建立有连锁董事关系企业的并购行为,同时还使用 Tobit 模型证实了这一假设;在前述研究的基础上,豪斯蔡尔德等(1998)进一步提出多种信息来源的可替代性和互补性决定连锁董事影响作用的大小,并用 Poisson 回归方法证实了来自差异性较小的其他企业的并购信息,对本企业并购行为影响更大这一假设;肖恩·B. 奥哈根和米尔福德·B. 格林(Sean B. O'Hagan adn Milford B. Green,2004)认为,连锁董事有利于企业间知识传递;段海艳(2012)则在中国情境下证实连锁董事关系网络有利于企业获取创新所需的外部知识,并进一步提升企业创新绩效;罗党论、唐清泉(2009)发现,有政治关系的企业更容易进入政府管制行业并获得政策资源的帮助。总之,以连锁董事为代表的企业间网络关系,可以为企业带来信息资源、知识资源、政策资源等隐性资源。Duchesnean 和 Gartner(1990)发现,成功企业更喜欢利用专业性建议,成功的企业比失败的企业更加依赖外部咨询机构的知识与建议。现实中往往是这类资源成为制约企业发展、难以突破的"瓶颈",也正是这些隐性资源成为其他企业难以复制的、决定企业核心竞争力的关键资源。反观组织冗余的测度,学者们当前普遍采用的,无论是二维分类法,还是三维分类法,都是借助财务指标进行分析。一方面,这些财务指标包括现金、流动负债、期间费用、营业收入、流动资产等,很少涉及企业隐性资源;另一方面,企业很多隐性资源,无法使用财务指标来体现,例如信息资源、政策资源等。那么,如何在组织冗余现有研究的基础上,改变组织冗余测度过于注重显性资源,相对忽略隐性资源这一不足,将信息资源、知识资源、政策资源等纳入组织冗余分析框架,更全面分析组织冗余的成因及其效果进而推动组织冗余相关理论的完善与深化,这些都是需要引起大家关注的、非常有趣的研究议题。

二 企业资源配置效率对组织冗余有显著负向影响

使用二维度分类法测度的组织冗余中,企业资源配置效率对已吸收冗余 1、已吸收冗余 2 和未吸收冗余均有显著负向影响;稳健性检验中，改变组织冗余测度方法，使用三维分类变量后资源配置效率对组织冗余的负向影响依然显著。纵览组织冗余已有研究，大体有两种组织冗余来源观：一是权力行为来源观；二是有限理性来源观。权力行为来源观认为，委托—代理关系下，信息不对称的现实约束会促使经理人"夸大成本，隐瞒产出"，进而引发"超额投入"（Nohria and Gulati，1996）。因此，企业实际需要与经理人基于权力的有意虚报、瞒报等会为企业带来一定程度的组织冗余。而有限理性来源观则认为，企业往往会在理性决策的基础上进行生产计划与业务经营，此时利益最大化并不是企业的现实选择。有限理性来源观下，企业进行经营活动时为应对各种可能的突发状况和意外所产生的资源需求，往往会保证有足够多的、超出实际需求的资源；在实际运行中，企业为了降低成本以获取最大价值增值，往往会在每个环节上最大限度地节约使用这些资源（方润生，2004）。因此，资源的超额投入与节约使用所引发差额就是企业的组织冗余。但这两种理论在实践中都没有被证实，而根据本书的研究结果，企业资源配置效率会反向影响组织冗余，这就意味着对企业而言，可以通过提高资源配置效率来有效降低组织冗余。这为组织冗余研究提供了新的视角与思路。

最后，有悖于传统观点的是，本书发现国有企业组织冗余在1%水平下显著低于非国有企业（见表7-6）。进一步对不同性质企业间资源配置效率进行分析后发现，国有企业的资源配置效率在1%水平下显著高于非国有企业（见表7-8）。这从另一个层面为企业资源配置效率与组织冗余反向相关提供了证据，同时也引发新的思考，即国有企业与非国有企业相比究竟谁的资源配置效率更高？

表7-8　不同性质企业资源配置效率的 ANOVA 检验

解释变量	属性	均值	标准偏度	F	Sig.（双尾）
资源配置效率	国有企业	0.659	0.202	10.575	0.001
	非国有企业	0.602	0.175		

第七章 连锁董事对组织冗余的影响研究

一直以来，虽然学者们对国有企业效率低下的原因多有争议，但是所有者缺位、政府软预算约束、社会负担沉重等问题所引发的国有企业效率低下却是不争的事实，很多实证文献也证实了这一点（刘小玄，2000；李寿喜，2007）。刘瑞明等（2010）进一步提出国有企业不仅本身存在效率损失，而且由于软预算约束的存在，拖累了民营企业的发展进程，从而对整个经济体构成"增长拖累"。那么，国有企业注定是低效率的吗？私有化是国有企业的不二选择吗？张晨、张宇（2011）认为，随着现代企业制度和国有资产监督管理体制的建立和完善，国有经济结构调整的不断推进，以及国有企业产权制度、管理体制、治理结构等一系列根本性变化，国有企业竞争力和活力大为增强。因此，近年来我国国有企业经营绩效改善是以国有企业效率提高为坚实基础的，那些认为国有企业效率低下，国有企业利润主要来源于垄断的看法是不合实际的。本章的研究结果也表明，国有企业资源配置效率高于非国有企业，国有企业的组织冗余低于非国有企业。更广泛的，Shirley 和 Walsh（2000）对 1975—1999 年公开发表的 52 篇实证研究外文文献进行了分类研究，认为不能证明国有企业效率低于私有企业。因此，随着我国国有企业改革的不断推进与深化，国有企业经营效率得以逐步提高，在对国有企业效率进行研究时应当摒弃成见，以动态、发展的眼光给出客观、公正的评价。由于本书研究样本取自于上海、广东两地，那么上海、广东两地较高的市场化程度是否会推进国有企业经营效率的提高，其他市场化程度较低地区的国有企业是否依然存在经营效率普遍低下的问题？需要进一步思考。

第六节 本章小结

本章基于资源视角，在就企业规模、净资产收益率、企业年龄和企业性质对组织冗余的影响进行分析基础上，以这些因素为控制变量，重点考察企业资源获取能力和资源配置效率对组织冗余的影响作用，并对相关结果进行稳健性检验。研究结果表明：控制变量中，公司规模、企业年龄均对组织冗余有显著负向影响，国有企业的组织冗余显著低于非国有企业，净资产收益率对组织冗余有显著正向影响。用于测度企业资源获取能力的度中心性和强连锁数量对组织冗余影响不显著；企业资源配置效率对组织冗余有显著负向影响。有悖于传统观点的是，本书发现国有企业资源配置效率显著高于非国有企业，国有企业的组织冗余显著低于非国有企业。本书对于全方位认识组织冗余成因，对于合理规范与引导组织冗余的使用，充分发挥其对企业战略、经营绩效以及技术创新的积极效用，均有着重要的理论与现实意义。

第八章 连锁董事对企业技术创新的影响研究

连锁董事是指个体成员同时在两家或两家以上企业董事会任职,由此而产生的企业间联结关系(Mizruchi,1988)。连锁董事已成为全球范围内企业经济活动中的普遍现象,并在企业发展、国民经济和社会政治运行中发挥着极其重要的作用。连锁董事已逐渐成为经济、管理、社会等学科领域广为探讨的社会经济问题。通过建立企业间的连锁董事关系,可以从以下几方面提高企业的技术创新效率。首先,可以提高董事会技术创新的决策质量。连锁董事有不同的知识背景和经验,有利于发现良好的创新机会。其次,能够提高企业资源的配置和使用效率。企业经营环境的不确定性在一定程度上影响企业的资源控制和战略选择的发挥,通过引入与外部环境相联系的连锁董事,能够创造和提升企业与其他企业之间"双赢"甚至多赢的关系,通过连锁董事企业可以配置更多的资源用于创新活动。最后,可以提高董事会技术创新能力。专家及其他企业高管的加盟,可以为企业提供更多的专业性技能、知识和经验,从而易于发现更多的技术创新机会。总之,通过建立企业间连锁董事关系,企业间可以相互利用资源、协调关系、获取信息,从而有利于提高企业获取各项资源的能力以及应对外部环境不确定性能力,并带来企业董事会效率和企业经营效率的改善。

归纳国内外连锁董事相关研究成果后可知,已有的连锁董事研究多是围绕连锁董事成因和效果展开,从而为全面、深刻认识连锁董事的角色与功能定位提供了理论依据和实证支持。但在知识经济和全球一体化发展背景下,技术创新是经济发展的推动力,是企业获取竞争优势和实现可持续发展的关键（Dosi，1988），那么连锁董事对企业技术创新的影响如何？影响产生的条件以及影响机理是什么？改革开放以来，中小企业不断发展壮大且在解决就业、增加居民收入等方面起着举足轻重的作用。那么基于信任而建立的企业间连锁董事是否有利于中小企业资源获取以及技术创新能力的提高？如何引导中小企业通过理性建立企业间连锁董事网络关系，充分利用网络中所蕴含的社会资本来帮助中小企业提高技术创新能力？相关方面的研究鲜有涉及，因此探讨连锁董事对中小企业技术创新能力的影响，可为中小企业技术创新提供新的思路，同时对发展与完善连锁董事理论与实践，对认识连锁董事在企业以及整个社会经济发展中的功能定位，对帮助中小企业寻求新的发展模式均有着重要的理论和现实意义。

第一节　理论分析与研究假设

连锁董事大都是行业专家，其行为决策可能会对其声誉产生影响，并因此承担相应的风险。对于企业技术创新投入的决策行为，连锁董事只有取得相应的报酬才会使其人力资本质量在董事会决策中发挥应有的作用。从激励角度看，薪酬激励在调动连锁董事积极性方面扮演了重要角色。佩里（Perry，2000）在研究中指出，如果得到足够的激励，连锁董事会更努力地工作。因此，为了使连锁董事为工作勤勉尽责，确保其有足够的动力去监督企业的管理层和参与企业的管理活动，那么就必须提供相应的激励机制，以回报其对企业的贡献，这也是连锁董事行使职权，发挥职能的重要制度保障。由此提出假设1：

H1：连锁董事薪酬与企业技术创新投入正相关。

在市场经济条件下，我国很多企业很难通过市场机制和正式机制来获取自己所需要的资源。因此，企业寻求非正式机制来弥补这一欠缺。连锁董事关系便是非正式机制形式之一。在连锁董事关系

第八章 连锁董事对企业技术创新的影响研究

内部,连锁企业可以交流彼此所需要的资源,如原材料、中间产品和企业间借贷等,这对企业获取资源和进一步的发展都具有重要的意义。在连锁董事关系外部,存在连锁关系的企业可以结成联盟,从而达到扩大实力,增强竞争力。由于连锁董事可以帮助企业获取需要的资源,规避资源约束。因此,连锁董事规模越大,形成连锁关系的企业越多,从而越有利于获取资源。由此提出假设2:

H2:连锁董事规模与企业技术创新投入存在正相关。

依据阶层领导理论,企业董事会是由那些拥有知识和才能的人员组成,由于董事个人同时在多家企业的董事会中担任职务而形成的连锁董事关系网,被看作是各董事成员之间不断传递情感、价值观、经验和观点的纽带。连锁董事个人通过在这个社会网络环境中的互动,对企业的行为甚至是整个国家的经济产生巨大的影响。因此,连锁董事占董事会规模越大,说明企业建立的连锁董事关系网络越大,越有利于企业获取更多的外部资源,提出更多更好的企业发展观点。由此提出假设3:

H3:连锁董事占董事会比例与企业技术创新投入正相关。

企业技术创新的机会决策与实施加大了战略决策的不确定性。连锁董事提供的信息和用于解释、分析及判断的知识结构将会降低公司战略决策过程中的不确定性。这些不确定性要求决策者具备必要的识别机会能力、判断能力和认知能力,而这些能力的获取与连锁董事人员所接受的教育和学习程度密切相关。Tihanyi 等发现,高管团队受教育水平均值越大,团队获得的有效信息也会越多,因而越有可能发现技术创新的机会,且越有可能制定有利于企业的发展战略。对于处在经济转型期的中国企业来说,决策者们尤其是董事会成员的受教育水平对企业技术创新的影响显得非常重要。由此提出假设4:

H4:连锁董事受教育程度与企业技术创新投入正相关。

表 8-1　相关性分析结果

	R&D	IDR	ID	IDP	ED	ES	AS	OC	GR	EPS	AR
R&D	1										
IDR	0.375**	1									
ID	0.218*	0.07	1								
IDP	0.179**	0.054	0.967**	1							
ED	0.384*	-0.023	-0.015	0.002	1						
ES	0.112**	0.33**	0.065	0.057	0.018	1					
AS	0.202**	0.051	0.098*	0.086*	0.039	0.295**	1				
OC	-0.003	-0.014	-0.037	-0.036	0.039	-0.009	-0.019	1			
GR	0.082*	-0.025	-0.011	-0.001	-0.057	0.002	-0.051	-0.003	1		
EPS	0.064	0.202**	0.049	0.06	0.033	0.266**	-0.163**	-0.01	0.068	1	
AR	0.047	0.109**	0.12**	0.144**	-0.033	0.017	-0.079*	-0.072	0.027	0.006	1
WSH	0.036	0.049	-0.098*	-0.102**	0.035	0.111**	0.148**	0.102**	-0.018	-0.011	-0.172**

注：*、**、***分别表示在1%、5%和10%的水平下显著。

的水平上显著；连锁董事学历与企业技术创新之间呈现中度的显著相关性，且在10%的水平上显著。说明本章所选取的变量因素是比较合理的。

二 回归分析

回归分析结果见表8-2。表8-2的模型2检验了连锁董事的薪酬与企业技术创新投入间的关系。模型2中加入解释变量前，调整的R^2值为0.053，加入解释变量后，增加到0.058且连锁董事薪酬与企业技术创新投入间的关系为正且在5%的水平上显著。说明了连锁董事的薪酬越高，企业的技术创新投入也越高。验证了假设1的模型3中，加入解释变量前，调整的R^2值为0.053，加入解释变量后为0.056，且连锁董事的规模与企业技术创新投入呈低度的正相关关系，相关系数为0.138且在1%的水平上显著。说明连锁董事的规模越大，企业技术创新投入也会相应地提高。验证了假设2。模型4中，加入解释变量前，调整的R^2值为0.053，加入解释变量后为0.057，且连锁董事占董事会比例与企业技术创新投入之间存在显著的相关性，回归系数为0.097且在10%的水平上显著，说明连锁董事占董事会比例越大，企业技术创新投入程度越高。验证了假设3。模型5中，加入解释变量前，调整的R^2值为0.053，加入解释变量后，增加到0.066且连锁董事的学历与企业技术创新投入呈显著的正相关性，回归系数为0.217且在10%的水平上显著。说明了连锁董事的学历越高，企业的技术创新投入也相应地越高，企业应该加强与高校和科研院所之间的联系。验证了假设4。

表8-2　　　　　　　　回归分析结果

	模型1	模型2	模型3	模型4	模型5	模型6
ES	-0.003	-0.049	-0.003	-0.003	-0.071	-0.074
AS	-0.213***	-0.212***	-0.213***	-0.212***	-0.195***	-0.189***
OC	-0.013	-0.013	-0.013	-0.013	-0.133**	-0.139***
GR	0.078**	0.08	0.078**	0.078**	0.092*	0.092*

续表

	模型1	模型2	模型3	模型4	模型5	模型6
EPS	-0.095**	-0.102**	-0.095**	-0.094**	-0.012	-0.015
AR	0.042	0.036	0.042	0.043	0.074	0.077
WSH	0.08**	0.077*	0.08**	0.079**	0.109**	0.096*
IDR		0.257**				0.048
ID			0.138***			0.032
IDP				0.097*		0.022
ED					0.217*	0.113
F值	6.299***	5.732***	5.503***	5.505***	4.439***	3.402***
调整的 R^2	0.053	0.058	0.056	0.057	0.066	0.064

注：*、**、***分别表示在1%、5%和10%的水平下显著。

第四节 结果讨论

连锁董事薪酬越高，企业技术创新投入也越高；连锁董事规模以及连锁董事占董事会比例与企业技术创新投入呈正相关关系；连锁董事学历越高，企业技术创新投入也会越高。就此本部分提出如下建议：

一 进行体制创新，建立留住人才的产权制度和创新人才激励机制

树立人才是第一资源的观念，重视开发利用人才资源。人才已是当今社会发展最重要的资源，对于企业的发展显得更为重要。建立留住人才制度也成为当今企业亟须解决的问题之一，建立留住人才的制度需要利益机制的刺激，借鉴国外的先进经验，对技术创新活动刺激最大且又具有约束力的利益机制是产权。另外，政府要采取措施，积极引导，以推动企业、高校与科研院所三者之间在技术创新上的联系与互动，促进"产学研"的有机结合。鼓励高校和科

研院所的科技人员到中小企业兼职。鼓励有条件的企业采取股份期权的形式,对有突出贡献的骨干技术人员、业务人员、经营管理者实施股权激励,以股份或出资比例等股权形式给予科技人员奖励。

二 积极建立企业间连锁董事关系,充分利用连锁董事带来的外部资源

资源依赖理论认为企业效率源于核心竞争力,核心竞争力来自企业拥有的技术和资源,而资源的欠缺严重阻碍了中小企业的发展。连锁董事关系这一非正式机制的形式有助于企业获取资源。在连锁董事关系内部,连锁企业可以交流彼此所需要的资源。例如:原材料、中间产品和企业间借贷等,这对于企业获取资源和进一步发展都具有重要意义。在连锁董事关系外部,存在连锁关系的企业可以结成联盟,从而扩大实力,增强竞争力。连锁董事可以帮助企业获取需要的资源,规避资源约束。通过连锁董事,企业间可以互相利用资源,协调关系。同时,兼任另一家公司的董事会触及该公司的财务状况、经营状况以及特定的企业信息,从而在一定程度上减少企业外部竞争的不确定性。因此,要积极建立企业间连锁董事关系,充分利用连锁董事所带来的外部资源。

三 创建有利于创新意识形成的企业文化环境

创建有利于技术创新的企业文化环境应着眼于以下几个方面:

第一,培养员工的忠诚度。忠诚度是员工愿意为企业奉献自己才智的重要因素,所以企业要通过领导者的个人魅力、薪酬激励、良好的工作环境和职业生涯规划等来培养员工的忠诚度,使其全心全意地为企业奉献自己。

第二,营造持续进步和不断创新的氛围。企业应该一定程度包容员工的错误,鼓励员工接受失败,锻炼其不怕挑战的坚强意志,并给员工提供一个充满挑战的环境。

第三,强调企业对社会的贡献,增强员工的集体荣誉感和自身的凝聚力。

第四,树立创新的典范。通过树立创新的模范人物来激励员工不断地创新。希望通过这几个方面的努力可以为企业营造良好的创新环境。

第五节 本章小结

关于影响企业技术创新因素的研究主要集中在经济、技术、人才等传统影响因素上面,而忽视了企业间连锁董事关系的作用。本章以深交所中小板 698 家上市公司为样本,重点就连锁董事对中小企业技术创新影响进行了研究。结果发现:连锁董事的薪酬越高,企业技术创新投入也越高;连锁董事的规模以及连锁董事占董事会比例与企业技术创新投入呈正相关关系;连锁董事的学历越高,企业的技术创新投入也会越高。并提出应从以下几方面着手提高企业技术创新绩效:一是进行体制创新,建立留住人才的产权制度和创新人才激励机制;二是建立企业间连锁董事关系,充分利用连锁董事所带来的外部资源提高企业技术创新效率;三是创建有利于创新意识形成的企业文化环境,营造持续进步和不断创新的氛围。

第九章 连锁董事、组织冗余与企业技术创新

连锁董事指因董事个人同时在两家或两家以上企业董事会任职而引起的企业间连接。连锁董事已成为全球范围内企业经济活动中的普遍现象，并逐渐成为经济、管理、社会等学科领域广为探讨的社会经济问题。任兵等以中国100多家上市公司为样本的统计结果显示，1/3以上企业具有连锁董事；段海艳等对中国上海、广东两地314家上市公司连锁董事进行分析后发现，与其他企业有连锁董事关系的企业占总样本的73.2%。连锁董事在现实中的广泛存在并非偶然，作为一种有益的组织机制，连锁董事有利于企业获取资源，便于创新、技术和方法等的扩散并产生新的竞争优势；连锁董事有助于提升企业财务绩效；连锁董事有利于业界精英之间的政治凝聚，总之，企业间连锁董事在国民经济、政治生活中发挥着重要作用。至于连锁董事是否会影响企业创新绩效，影响产生的机理和条件是什么，这方面的国内外研究则很少。

技术创新是提高企业核心竞争力的关键，一方面企业技术创新战略决策的主体是企业董事会；另一方面技术创新是企业对所拥有的各项人才、资金、知识等有形、无形等多种资源的有效整合。基于董事个体同时在多家企业董事会任职而形成的连锁董事，能够影响企业技术创新战略的同时，使企业从关系网络中获取创新所需资源，特别是知识资源成为可能。企业间关系对知识等资源获取的效果和知识转移数量有正向影响，而技术创新是一个知识获取过程，外部知识获取效果与创新成功密切相关。由此可推断，作为企业间关系的具体表现之一——连锁董事，借助其资源获取功能会对企业

技术创新绩效产生积极影响。组织冗余是"组织拥有的资源与维持目前状态所需资源之间的差异"或"未被使用的资源",连锁董事是企业资源获取的一种手段,组织冗余是企业所持有资源的存量,连锁董事如何影响组织冗余?Geiger 和 Cashen 提出并证实组织冗余会影响企业创新绩效,那么连锁董事是否会通过影响组织冗余而对企业创新绩效产生间接影响?

基于以上考虑,本章以连锁董事这种典型的企业间关系网络为起点,以资源依赖理论为支撑,使用社会网络分析方法,就连锁董事对企业创新绩效、组织冗余的直接影响,连锁董事通过影响组织冗余而对企业创新绩效产生的间接影响,即组织冗余的中介效应进行探索性研究,并就基于西方连锁董事实践而构建的资源依赖理论在中国的适用性进行实证检验。

第一节　理论分析与研究假设

一　连锁董事与创新绩效

随着中国经济的发展,企业用工成本的提高,国内企业在劳动力、原材料等资源上的低成本优势逐渐被侵蚀,如何利用创新以实现在价值链上的攀升成为企业持续发展的新的模式选择。创新基础是知识,企业创新来源于对新知识的持续创造和运用。基于内部知识积累的有限性和技术变迁速度的加快,越来越多企业开始借助于外部关系网络寻求知识,并将之与内部知识整合来提升企业创新能力。作为企业外部关系网络主要形式之一的连锁董事,是因董事个人同时在多家企业董事会任职而引起的,基于董事在企业创新战略制订中的主体地位,必然可以借助于连锁董事关系网络获取有利于企业创新的外部知识,并进一步提升企业创新绩效:首先,连锁董事个人借助参与其他企业董事会会议,通过面对面的交流和共同在场的环境共享使编码和抽象水平较低的知识得以有效地交流;其次,连锁董事关系网络中主体间的重复互动可以滋生和积累更多信

第九章　连锁董事、组织冗余与企业技术创新

任，有利于创新有关的知识移动以非市场化、非正式交易的方式实现，进而节省了认知成本和交易成本。企业对外部知识的获取和整合效率取决于其在连锁董事关系网络中所处的位置。一般而言，在网络中处于中心位置的企业通常与其他企业建立有较多的直接联系，因其可选择的途径和拥有的机会较多，相对而言能更容易地找到最优的知识供给方，从而能够以最有效的方式获取它们并加以整合，使之服务于企业的技术创新。由于度中心性是测度连锁董事关系网络中某个节点企业中心性最直接、最有效的指标，因此提出假设1：

H1：企业创新绩效与其在连锁董事关系网络中的度中心性正相关。

格拉诺维特（Granovetter）提出，根据互动频率的高低、感情力量的深浅、亲密程度的强弱和互惠交换的多少，可以把个体之间的关系分为强关系和弱关系。连锁董事是因董事个人同时在两家或两家以上企业董事会任职而引起，董事会成员包括执行董事和独立董事（非执行董事），因此，根据强关系和弱关系的概念界定，将企业间连锁董事关系进一步细分为强连锁关系和弱连锁关系，其中强连锁关系是指董事个人在多家企业同时担任执行董事，或至少在一家企业任职执行董事的连锁董事关系；弱连锁关系是指董事个人在多家企业同时只担任独立董事的连锁董事关系。由于中国上市公司独立董事多是应证监会董事会制度要求而设立的，在中国情境下因制度而生的独立董事与执行董事在履行职责时的动机和效果、对企业战略决策的影响力不同，由此可以推断，基于董事个人的不同任职情况而引发的强连锁关系和弱连锁关系对企业创新绩效必然会产生不同的影响。由于强关系连接的企业间通常保持高度的信任或依存关系，与弱关系连接的企业相比，强关系连接的企业间很少发生机会主义行为，强关系能够保证知识转移双方的沟通与理解，增加双方的信任以加强知识转移方的知识转移意愿，强关系双方之间持续的、双向的沟通，可以促进复杂知识的转移，有利于企业获取稳定的、有深度的创新知识，进而有利于企业创新绩效的提升。因

此，企业所拥有的强连锁数量越多，其对创新绩效的正向影响作用越大。所以提出假设2：

H2：企业创新绩效与其所拥有的强连锁数量正相关。

根据社会学理论，大多数人倾向于与背景相近的人建立关系，例如相近的年龄、教育程度、职业和居住地区等，即趋同性。[①] 考虑到本书重点探讨的是企业间连锁董事关系网络，所以这里选择性地借鉴个人主体网研究中的地域趋同性，即就空间而言，个人、企业倾向于与处于同一地域的其他主体建立与保持社会联系。虽然随着科技的进步与虚拟网络的出现，个人或企业可以克服地域的阻隔进行快捷、有效的交流，距离的摩擦作用正在逐步削弱，但空间的临近效应是不可或缺的，只要地理距离存在，距离摩擦就不可能消除，特别是在远距离的传输过程中，关键信息的安全性、准确性、及时性无法得到完全保证，空间对信息和知识的传输尤其是隐性知识的传输仍具摩擦力，权力跨越空间仍存在限制。由于面对面的接触可以降低隐性知识交换的成本，空间接近就显得尤为重要。创新所需的关键资源——知识，包括显性知识和隐性知识，其中隐性知识对企业创新绩效和核心竞争力的形成发挥着重要作用。由于隐性知识深植于行动、过程、惯例、责任、愿景和情感中，无法通过词语、数据或图片准确描述。隐性知识的无形性、难以度量性和外部性，使得知识拥有者和需求者在缺乏信任的前提下无法进行有效的交流。基于信任而建立的企业间连锁董事关系网络则为隐性知识的交流提供了平台，通过面对面的接触的人际知识交流不仅能在潜移默化中实现隐性知识的转化与共享，而且还可以通过知识要素的重新组合与创新实现知识的衍生，使企业内的知识存量不断增加。Rulke等也证实了这一点，即关系型交流渠道比非关系型交流渠道更容易传递知识。因此，企业间连锁董事关系网络中本地连锁越多，地域上的趋同性越强，隐性知识的获取能力以及与之密切相关

---

① 所谓趋同性，是指关系网络中的核心人物与其他社会网成员在某种社会特征方面的类似性。

的企业创新能力会越强。故提出假设3：

H3：企业创新绩效与其在连锁董事关系网络中的地域趋同性正相关。

二 连锁董事与组织冗余

经济全球化加剧了企业间竞争，"不确定"成为多变的经济环境中唯一可以确定的因素，转型经济下中国资本市场不成熟、战略要素市场不完善以及各种制度空缺给企业经营带来更大的不确定性，在这个动荡、变化的环境中，决定企业竞争优势的关键是对生产、资金、人才和市场等相关资源的获取。组织冗余作为一种现实的或潜在的资源缓冲器，是企业为了适应内外部环境变化而进行战略调整，是企业内部所能提供的资源。连锁董事作为企业获取外部资源的一种手段，是基于企业间信任而建立的企业间关系网络。由于网络中成员数量相对较少，彼此之间相对熟悉、资格与身份比较固定，成员之间交换或博弈可以重复进行，大家对彼此的交往有一种稳定的预期。因此，连锁董事可以使企业以较低成本从关系网络中搜寻并获取所需要的资源，大大降低了企业经营环境不确定性。基于组织冗余所代表的内部资源与连锁董事外部资源获取之间的互补关系，可推断连锁董事能够有效减少企业对组织冗余的需求；同时，连锁董事可以降低企业战略决策的有限理性并降低企业对组织冗余的需求。方润生等基于有限理性的观点，认为决策者在不确定的环境下决策，由于有限理性和客观条件的限制，使企业的相关资源无论在数量维度上，还是价值维度上都存在着冗余。既然连锁董事起自董事个人在多家企业董事会任职，那么董事个人有机会获取所任职企业的战略安排、商业机密以及业界发展的最新概览，在董事会决策制定时可以提供全方位信息，增加战略决策科学性的同时降低有限理性，并进一步降低对组织冗余的内在需求。综上，连锁董事有利于提升企业的资源获取能力，降低企业战略决策的有限理性，进而降低对组织冗余的需求。故提出假设4：

H4：组织冗余与连锁董事负相关。

三 连锁董事、组织冗余与创新绩效

基于前两部分理论分析可知，连锁董事会对组织冗余和企业创新绩效产生直接影响，那么连锁董事对组织冗余的直接影响是否会进一步影响企业创新绩效？组织冗余是企业技术创新的重要影响因素，由于创新过程需要消耗资源，而组织冗余可以为企业技术创新提供资源，因此组织冗余能够促进技术创新。但组织冗余并不总是有益于企业创新绩效，赫罗尔德等（Herold et al.）的研究表明，适量的冗余资源利于技术创新，过多或过少都不利于技术创新。由于中国上市公司多数是由国有企业转变而来的[①]，转型经济中计划经济体制具有路径依赖的特性，计划经济下政府对国有企业预算软约束，使其注重产品数量而非财务绩效，企业也具有动机储藏包括原材料和人力资源在内的冗余来应付带有行政色彩的绩效任务，就市场竞争的效率而言，这些组织冗余是低效的，因此在中国情境下组织冗余意味着低效率。郭立新、陈传明发现，组织冗余在第一阶段对企业技术创新绩效有负向影响，在第二阶段对企业技术创新绩效有正向影响，二者之间呈"U"形关系；并且目前我国多数制造业公司仍处于组织冗余的第一阶段，即组织冗余小于技术创新"最小资源要求"时期。既然当前中国的组织冗余是企业效率低下的反映，那么通过连锁董事减少组织冗余，在提高企业对所拥有的资金、人力、知识等资源的使用效率和效果的同时，必然会对企业创新绩效产生积极影响。另外，组织冗余代表企业内部所能提供给创新活动的资源，随着生产的分工和专业化程度的提高，现代企业的创新活动已由过去那种相对独立的内部创新发展成为多方合作、交互作用的外部创新网络阶段。借助于连锁董事关系网络，一方面可以促进多方合作创新，提高连锁董事关系网络整体创新水平；另一方面由于在技术创新过程中，低编码和抽象水平的隐性知识起着重要的作用，是创新知识形成的基础。在连锁董事关系网络中，网络

---

① 本书对2009年年末上海、广东两地383家上市公司的最终控制人进行分析后发现，其中54.6%为国有控股企业。

成员之间的互动频繁,由此建立的信任机制可以降低隐性知识搜集的难度和成本,并且关系网络中的声誉机制以及知识扩散嵌入于关系网络都抑制了交易中的机会主义行为,进而可以促进隐性知识的扩散和流动。综上所述,连锁董事关系网络在减少内部组织冗余、提高企业各种资源使用效率和效果的同时,有助于企业外部知识资源的获取,进而提高企业创新绩效。由此提出假设5:

H5:连锁董事会通过减少组织冗余,进而对企业创新绩效产生间接正向影响。

第二节 数据来源与变量设计

一 数据来源与处理

本章有关数据来源于国泰安 CSMAR 系列研究数据库及金融界网站。通过数据库及金融界网,收集截至2009年12月31日上海、广东两地383家上市公司董事会人员构成、创新绩效、组织冗余及其他相关的财务与非财务指标。研究过程中,使用 MATLAB 7.0.1 进行数据的初步加工整理,使用 UCINET6.0 软件进行企业连锁董事的社会网络分析,最后使用 SPSS16.0 软件包对提出的假说进行实证检验。需要说明的是,在进行连锁董事关系网络分析时,是将上海、广东两地383家企业全部纳入分析范畴,以保证关系网络的完备性;在对连锁董事、组织冗余和企业创新绩效之间的关系进行实证检验时,考虑所使用数据的真实性和可靠性,以及企业经营性质的不同,本章剔除了被出具非标准意见的22家企业,13家金融类企业和数据不全的2家企业,有效样本为346个。

二 变量设计

(一)被解释变量

本书的目的是揭示连锁董事对企业创新绩效的直接影响,以及连锁董事通过组织冗余对企业创新绩效的间接影响,故企业创新绩效为被解释变量。郭立新、陈传明选择上市公司主营产品销售收入年增长率和产品销售毛利率年增长率两个指标测量企业技术创新绩效,选择这两个指标的理由:一是考虑到这两个指标比较容易获取;二是这两个指标能够较大程度上反映企业产品创新绩效和工艺创新绩效。在借鉴郭立新、陈传明做法的基础上,考虑到连锁董事、组织冗余对企业创新绩效的影响有滞后性,我们选择一年时间为滞后期,同时结合本书的研究目标,最后选用2010年主营业务收入增长率作为企业创新绩效的测度变量。

(二)其次是解释变量

解释变量有两个:一是连锁董事;二是组织冗余。

1. 连锁董事

(1)度中心性。由于本书是以上海、广东两地全部董事构成的连锁董事关系网络为研究对象,不存在不同网络规模之间的可比性问题,所以选取绝对度中心性作为研究变量,具体操作通过CINET 6.0软件来实现。

(2)强连锁数量。在全部董事构成的连锁董事关系网络中,既包括董事个人在多家企业同时只担任独立董事的关系,又包括董事个人在多家企业同时担任执行董事,或至少在一家企业任职执行董事的关系,它们对企业创新绩效的影响不同。本章剔除掉那些在多家企业同时只担任独立董事的关系后,选取绝对度中心性作为强连锁数量的测度变量,具体操作通过CINET 6.0软件来实现。

(3)地域趋同性。在社会网络研究中,趋同性通常用与调查对象在某个特征方面同属一个群体的人数占全体讨论网成员的百分比来表示。连锁董事关系个体网络构成中,依据与调查对象是否处于同一地区,可以分为本地连锁与非本地连锁,相应的,地域趋同性指标使用本地连锁占个体网络规模的比例来量化。

2. 组织冗余

借用国内外学者们基于财务数据的度量方法,选择流动比率、所有者权益/负债和费用收入比三个指标来测度组织冗余。其中,流动比率=流动资产/流动负债,该指标表示企业用流动资产解决即时债务的能力,该指标越大,说明企业短期内可开发利用的资源越多；所有者权益/负债反映了企业可以开发或利用的融资能力；费用收入比=（销售费用+管理费用+财务费用）÷营业收入，该指标反映了被融入企业体系的冗余资源。

第三节 实证分析

首先，为了避免各变量之间出现多重共线性问题，本书将被解释变量与各解释变量进行相关性分析，结果如表9-1所示。相关性分析结果显示，基于不同层面的连锁董事网络因素中，度中心性、强连锁数量和地域趋同性两两之间在0.01水平下显著正相关，且相关系数均在0.3以上；组织冗余与三个网络因素在0.05水平下显著负相关；创新绩效与三个网络因素之间正相关，而与组织冗余负相关，且均不具显著性。

表9-1 连锁董事、组织冗余和创新绩效之间的相关性分析

	度中心性	强连锁数量	地域趋同性	组织冗余	创新绩效
度中心性	1.000				
强连锁数量	0.709***	1.000			
地域趋同性	0.530***	0.357***	1.000		
组织冗余	-0.120**	-0.126**	-0.129**	1.000	
创新绩效	0.081	0.082	0.084	-0.037	1.000

注：**、***分别表示在5%和10%的水平下显著。

在相关性分析的基础上，下面分别探讨连锁董事对企业创新绩效、对组织冗余的影响，并对连锁董事如何通过影响组织冗余进而对企业创新绩效产生间接影响，即组织冗余的中介效应进行检验。

一 连锁董事对企业创新绩效的影响

邹国庆等认为，不同于民营企业，国有企业普遍存在创新投入不足和创新能力低下等问题，进而严重损害企业的创新绩效；杨勇

等提出并证实企业自有资金使用限制少、灵活性强,企业可以自由支配资金的使用方向,因此自有资金比例越高(即资产负债率越低),越有利于企业技术创新。除了企业性质、资本结构会影响企业创新绩效外,本书认为,由于技术创新需要资金、人才、技术等各种资源,企业好的经营绩效可以为其技术创新提供全方位、充足的资源支持,但经营绩效和创新绩效之间并不是简单线性的,而是"U"形关系。因此,研究选取企业性质,反映企业绩效的 ROA、ROA 平方,以及反映企业资本结构的资产负债率作为控制变量,分析连锁董事对企业创新绩效的影响。

首先,将控制变量与创新绩效一起进行回归分析并构建回归模型 1;其次,在控制变量回归模型基础上,加入连锁董事网络因素,重点探讨网络因素对创新绩效的影响。由相关性分析结果可知,连锁董事度中心性、强连锁数量和地域趋同性三个网络因素,两两之间具有较强相关性,因此将它们分别与控制变量一起进行回归分析并构建回归模型 2、模型 3 和模型 4,分析结果见表 9-2。

表 9-2　　　　连锁董事关系网络对企业创新绩效影响的 OLS 回归分析

解释变量	回归模型 1 β	回归模型 2 β	回归模型 3 β	回归模型 4 β
企业性质	-0.080	-0.103*	-0.105**	-0.093*
ROA	-0.279***	-0.276***	-0.276***	-0.276***
ROA 平方	0.309***	0.305***	0.309***	0.308***
资产负债率	-0.036	-0.033	-0.032	-0.040
度中心性		0.079		
强连锁数量			0.093*	
地域趋同性				0.085*
F 检验值	15.631***	13.009***	13.231***	13.138***
调整的 R^2	14.7%	15.0%	15.2%	15.1%

注:*、***分别表示在 1% 和 10% 的水平下显著。

由表 9-2 可知，回归模型 1 中，控制变量企业性质对创新绩效有不显著的负向影响，说明与非国有企业相比，国有企业创新绩效相对低下，但差异不显著；反映企业经营绩效的 ROA（净资产收益率），ROA 的平方对企业创新绩效在 0.01 水平下分别有负向、正向影响，说明企业经营绩效和创新绩效之间是"U"形关系；资产负债率与企业创新绩效负相关，但不具显著性。回归模型 2 中，加入网络因素"度中心性"后，各个控制变量系数变化不大，度中心性对企业创新绩效有不显著的正向影响，因此拒绝假设 H1；回归模型 3 中，网络因素"强连锁数量"在 0.10 水平下对企业创新绩效有显著正向影响，故接受假设 H2；回归模型 4 中，网络因素"地域趋同性"在 0.10 水平下对企业创新绩效有显著正向影响，所以接受假设 H3。与回归模型 1 相比，加入网络因素的回归模型 2、模型 3 和模型 4 对企业创新绩效的整体解释力增强。

二 连锁董事对组织冗余的影响

综览组织冗余的已有研究，多是围绕组织冗余对企业创新绩效，组织冗余对企业经营绩效的影响而展开，研究者多是将组织冗余视为一个外生变量，很少考虑冗余资源的来源。布罗米利提出，企业好的经营绩效会导致组织冗余的增加，而不好的经营绩效会导致组织冗余的减少。方润生等提出，从理性预期的观点来看，如果组织冗余源自于组织层级间的委托—代理关系造成的信息不对称，上级经理也会通过经验积累而合理预期下级经理们的瞒报行为，通过对下级经理所在部门投入产出关系的相应调整，来抵消那些瞒报行为带来的组织冗余的不适当增长。基于此，我们进一步推断，随着企业存续期的延长和公司规模的扩大，上级经理管理经验得以积累的同时可以控制组织冗余的不合理增长。综上所述，研究选取企业存续期、公司规模和反映企业绩效的 ROA 作为控制变量，探讨连锁董事对组织冗余的影响。

首先，对组织冗余的三个测度变量（流动比率、权益负债比和费用收入比）进行因子分析，分析结果提取特征值大于 1 的因子，变异贡献率为 61.02%，由于根据特征值和载荷系数计算的三个指标的特征向量中流动比率和权益负债比例数值相同且均为0.957，而费用收入比特征向量值为-0.023，可以忽略不计。因此直接以流动比率和权益负债比的均值作为组织冗余测量值。

其次，就网络因素对企业创新绩效的影响进行回归分析。第一步，将控制变量与创新绩效一起进行回归分析并构建模型5；第二步，在控制变量回归模型基础上，将度中心性、强连锁数量和地域趋同性分别与控制变量一起进行回归分析并构建回归模型6、模型7和模型8，具体结果如表9-3所示。

表9-3 连锁董事关系网络对组织冗余影响的OLS回归分析

解释变量	回归模型5 β	回归模型6 β	回归模型7 β	回归模型8 β
企业存续期	-0.126**	-0.126**	-0.122**	-0.123*
公司规模	-0.247***	-0.235***	-0.236***	-0.239***
ROA	0.200***	0.194***	0.195***	0.193***
度中心性		-0.051		
强连锁数量			-0.051	
地域趋同性				-0.087*
F检验值	13.936***	10.682***	10.684***	11.225***
调整的R^2	10.2%	10.2%	10.2%	10.7%

注：*、**、***分别表示在1%、5%和10%的水平下显著。

回归模型5中，控制变量企业存续期和公司规模分别在0.05、0.01水平下对组织冗余有显著负向影响，反映企业经营绩效的ROA在0.01水平下对组织冗余有正向影响；在回归模型5的基础上，加入网络因素度中心性、强连锁数量和地域趋同性后的回归模型6、模型7和模型8中，度中心性和强连锁数量对组织冗余有不显著的负向影响，地域趋同性在0.10水平下对组织冗余有显著负向影响，假设H4部分通过检验。

三 组织冗余的中介效应

由一、二部分实证分析结果可知，连锁董事对企业创新绩效有

第九章　连锁董事、组织冗余与企业技术创新

积极影响的同时，可以减少组织冗余，那么连锁董事是否会通过减少组织冗余，进一步影响企业创新绩效？本部分主要检验连锁董事、组织冗余与创新绩效三个变量中，组织冗余作为中介变量[①]是否成立，或者说组织冗余的中介效应是否显著。中介效应的检验方法参考温忠麟等提出的检验方法，假设 X、M、Y 分别为连锁董事、组织冗余和创新绩效，并用方程（9-1）、方程（9-2）、方程（9-3）来描述 X、M、Y 三者之间的关系，实际分析时按需要加入控制变量后建立组织冗余中介效应检验的回归模型9、模型10和模型11，结果如表9-4所示。需要指出的是，在描述连锁董事的三个网络因素中，其中只有地域趋同性既对企业创新绩效有显著影响，又对组织冗余有显著影响，故中介效应检验中选取地域趋同性作为连锁董事的测度变量。

$$Y = cX + e_1 \qquad (9-1)$$

$$M = aX + e_2 \qquad (9-2)$$

$$Y = c'X + bM + e_3 \qquad (9-3)$$

表9-4　　　　组织冗余中介效应检验的回归模型

回归模型9 （被解释变量为创新绩效）		回归模型10 （被解释变量为组织冗余）		回归模型11 （被解释变量为创新绩效）	
解释变量	β	解释变量	β	解释变量	β
地域趋同性	0.085*	地域趋同性	-0.087*	地域趋同性	0.083
企业性质	-0.093*	企业存续期	-0.123**	组织冗余	-0.027
ROA	-0.276***	公司规模	-0.239***	企业性质	-0.097*
ROA平方	0.308***	ROA	0.193***	ROA	-0.272***
资产负债率	-0.040			ROA平方	0.309***
				资产负债率	-0.042
F检验值	13.138***		11.225***		10.971***
调整的 R^2	15.1%		10.7%		15.0%

注：*、**、*** 分别表示在1%、5%和10%的水平下显著。

---

① 所谓中介变量，是指考虑自变量 X 对因变量 Y 的影响，如果 X 通过影响变量 M 来影响 Y，则称 M 为中介变量。

中介效应具体检验程序如下：

第一步，检验回归系数 c，如果显著，继续下面的第二步。否则停止分析。

第二步，做巴龙和肯尼（Baron and Kenny）部分中介检验，即依次检验系数 a、b，如果都显著，意味着 X 对 Y 的影响至少有一部分是通过了中介变量 M 实现的，第一类错误率小于或等于 0.05，继续下面第三步。如果至少有一个不显著，由于该检验的功效较低（即第二类错误率较大），所以还不能下结论，转到第四步。

第三步，做贾德和肯尼（Judd and Kenny）完全中介检验中的第三个检验，即检验系数 c'，如果不显著，说明是完全中介过程，即 X 对 Y 的影响都是通过中介变量 M 实现的；如果显著，说明只是部分中介过程，即 X 对 Y 的影响只有一部分通过中介变量 M 实现。检验结束。

第四步，做索贝尔（Sobel）检验，如果显著，意味着 M 的中介效应显著，否则中介效应不显著。检验结束。

根据表 9-4 中构建的三个回归模型可知，第一步，检验对应的回归模型 9 中，地域趋同性在 0.10 水平下对企业创新绩效有正向影响，回归系数 c 具显著性，故继续第二步。第二步依次检验回归系数 a 和 b。回归模型 10 中，地域趋同性在 0.10 水平下对组织冗余有负向影响，回归系数 a 具显著性。回归模型 11 中，组织冗余对创新绩效影响的对应标准化回归系数为 -0.027，且不具显著性，故对应 b 不具显著性，转到第四步。第四步，做索贝尔检验。所谓索贝尔检验是检验 $H_0: ab = 0$。该检验关键在于检验统计量 z，计算公式如下：

$$z = \hat{a}\hat{b} / \sqrt{\hat{a}^2 s_b^2 + \hat{b}^2 s_a^2} \qquad (9-4)$$

其中，$\hat{a}$、$\hat{b}$ 分别为对应回归模型的估计值，s_a 和 s_b 分别为 $\hat{a}$ 和 $\hat{b}$ 的标准误。

为了计算 z 值，列出模型 10 与模型 11 对应各解释变量的回归系数以及标准误分别为 -0.687、-0.478、0.406、0.910，套用 z

值计算公式（9-4），可得 $z=0.502$，对应 $P>0.05$，组织冗余的中介效应不显著，故拒绝假设 H5。

第四节　结果讨论

首先，根据资源依赖理论提出的连锁董事对企业创新绩效影响的三个假设 H1、H2 和 H3 中，度中心性对企业创新绩效影响不显著，故拒绝假设 H1；强连锁数量和地域趋同性对企业创新绩效有显著正向影响，故接受假设 H2 和 H3。说明资源依赖理论对中国企业实践具有一定解释力和说服力，因此在中国情境下是适用的。由于 H1、H2 和 H3 是分别使用度中心性、强连锁数量和地域趋同性来刻画连锁董事关系网络，其中，度中心性直观描述了网络中与某节点企业建立有连锁董事关系的其他企业的所有个数，在这些所有关系中根据关系强度不同可以分为强连锁关系和弱连锁关系；根据联结双方是否处于同一地区可以分为本地连锁和非本地连锁。根据实证分析结果可知，包括所有关系在内的连锁董事对企业创新绩效影响不显著，只有强连锁关系和本地连锁才对企业创新绩效有显著的积极影响。

一方面，强连锁关系是在所有董事构成的连锁董事关系网络基础上，剔除同时在两家或两家以上企业董事会只担任独立董事的连锁董事关系（即弱连锁关系），说明在连锁董事关系网络中，不同于执行董事，独立董事对企业的资源获取和战略制定的影响甚微。由于中国独立董事一般由大学教授、政府退休官员以及会计、法律界等知名人士构成，他们不在上市公司任职，对上市公司的了解只能通过公司管理人员的介绍和上市公司的财务报表等，而管理人员甚至财务报表均可能被总经理操控；同时，许多独立董事有专职工作，其自身的压力也限制了其获取所监控企业的知识与经验。因此，独立董事很难真正了解上市公司的真实情况，也很难影响企业的资源获取和创新绩效。

另一方面，本地连锁和非本地连锁中，只有本地连锁对企业创新绩效有显著正向影响。卢福财等提出，关系网络可以为企业带来源于以下几方面效应的网络租金：一是网络资源的互补效应；二是知识学习与创新的外部效应；三是外部规模效应；四是市场控制势力放大效应。对于本地连锁的关系网络而言，以上四个方面的效应更趋明显。因为本地连锁中，连锁董事双方所处的语境与文化相似，不但可以降低企业运行中各种交易费用，而且更容易基于网络成员之间的信任感和归属感来获取企业创新所需要的知识资源；同时本地连锁前提下企业间关系空间上的接近性为知识，特别是隐性知识的传递提供了便利，而隐性知识的获取对企业创新绩效的提升至关重要。

其次，连锁董事对组织冗余影响中，度中心性、强连锁数量和地域趋同性三个网络因素对组织冗余均有负向影响，但只有地域趋同性影响显著，为 H4 提供了部分实证支持。另外，我们对比分析样本中 192 家国有企业、154 家非国有企业的度中心性和组织冗余之间的关系（见表9-5）后发现，一方面，国有企业的度中心性显著高于非国有企业，说明与非国有企业相比，国有企业在连锁董事关系网络中居于更中心的位置；另一方面，与非国有企业相比，国有企业的组织冗余显著低于前者。连锁董事关系网络中较中心的位置，对应较少的组织冗余，这在一定程度上证实了连锁董事与组织冗余之间的负向关系。

表9-5　　　　国企、非国有企业度中心性和组织
冗余之间的 ANOVA 检验

解释变量	属性	均值	标准偏度	F	Sig.（双尾）
度中心性	国有企业	2.570	2.482	41.694	0.000
	非国有企业	1.290	1.558		
组织冗余	国有企业	1.766	3.059	15.602	0.000
	非国有企业	3.272	4.032		

第九章 连锁董事、组织冗余与企业技术创新

Zukin 和 Dimaggio 认为,经济行为受认知嵌入、文化嵌入、结构嵌入和政治嵌入四种不同嵌入的影响,其中认知嵌入、文化嵌入和政治嵌入是相对于经济行为的个体水平而言。基于地域趋同性而建立的企业间连锁董事关系,由于同一地域的企业间交流的背景知识、使用语言、规则等趋同,基于认知层面的嵌入可以提高企业间交流和沟通的效率;从文化层面的嵌入来讲,特定的地理文化背景以及共同的交易规则使得交易各方能够完整地传递与获取信息,从而产生信任、理解与合作,并可以缓解企业之间的对立和冲突;政治层面嵌入上,同一地方的企业所面对的法律制度、经济发展程度、金融市场活跃程度和政府干预程度等外部环境基本相同。综合三个方面的考虑,基于地域趋同性而建立的企业间连锁董事,作为应对外部环境不确定性的一种手段,彼此之间的信任关系有利于提升企业的资源获取能力,降低董事会战略决策的有限理性,进而降低对组织冗余的内在需求。

最后,连锁董事、组织冗余和创新绩效三者之间,组织冗余的中介效应不显著,故拒绝假设 H5。综合本书分析结果可知,连锁董事有助于提升企业创新绩效,有助于减少组织冗余,而组织冗余的减少并不能改善企业创新绩效。根据资源依赖理论,连锁董事有助于提升企业对资源的动态获取能力。组织冗余重在考察企业资源的存量。连锁董事的资源获取功能对企业创新绩效有积极影响,而对组织冗余有负向影响,即会减少组织资源的存量,这样的结论似乎是矛盾的。我们对此进一步展开分析,对组织冗余的测度,本书采用了当前学者们的通行做法,即选用流动比率、权益负债比和费用收入比三个指标。迈耶(Meyer)指出,组织冗余能以不同形式存在,如财务冗余、人力资源冗余和技术冗余等有形和无形冗余,但综观已有组织冗余研究,主要关注组织有形冗余,相对而言忽略了知识资源、关系资源等无形冗余。基于信任而建立的企业间连锁董事关系网络,有利于知识,特别是隐性知识的传递和获取,对企业技术创新有着积极的影响。基于本书的分析结果,连锁董事减少组织冗余的同时可以提高企业的创新绩效,那么是否意味着连锁董事

以有形资源为代价提升了企业对无形资源的获取能力，进而提升了企业创新绩效？这是一个非常有趣的、值得引起大家关注的研究课题。

另外，本书中组织冗余的减少并不能带来企业创新绩效的提高，由于组织冗余包括"有害冗余"和"有利冗余"，"有害冗余"是指那些容易引发内部利益冲突、降低企业经营和管理效率，从而不利于企业创新的冗余；"有利冗余"是指那些作为技术创新资源储备或知识储备有可能促进创新的冗余。所以只有在减少有害冗余、增加有利冗余的前提下，企业创新绩效才有提升的可能。那么如何在现有研究的基础上，对组织冗余中"有害冗余"和"有利冗余"进行测度，探讨它们对企业创新绩效的影响机理，进而寻求改善企业创新绩效的路径和模式选择，有着非常重要的现实意义。

第五节 本章小结

本章以资源依赖理论为支撑，使用社会网络和社会统计分析方法等，就连锁董事对企业创新绩效、组织冗余的直接影响以及组织冗余的中介效应进行探索性研究，并就基于西方连锁董事实践而构建的资源依赖理论在中国的适用性进行实证检验。研究结果表明：首先，包括所有关系在内的度中心性对企业创新绩效影响不显著，强连锁数量和地域趋同性对企业创新绩效有显著正向影响。其次，连锁董事对组织冗余的影响中，度中心性、强连锁数量和地域趋同性三个网络因素对组织冗余均有负向影响，其中只有地域趋同性影响显著。最后，连锁董事、组织冗余和创新绩效三者之间，组织冗余的中介效应不显著。总之，连锁董事有助于提升企业创新绩效，有助于减少组织冗余，而组织冗余的减少并不能改善企业创新绩效。研究结果对于认识中国转型经济下连锁董事的角色和功能定位有重要现实意义。

第十章 结束语

第一节 主要创新点

本书使用社会网络分析方法和社会统计学分析方法,对中国转型时期董事会资本的演变特征和功能定位,董事会资本对董事会治理效率与企业绩效,对企业技术创新的影响进行尝试性探讨;并对基于西方实践而构建的资源依赖理论和代理理论在中国情境下的适用性进行了检验;进而在揭示董事会资本的积极效果与不利影响,同时为董事会治理效率与企业创新绩效的改善提供理论支持与实证依据。

本书主要创新是:

第一,在对上海、广东两地企业间连锁董事关系网络拓扑结构图进行描述性分析的基础上,使用社会网络分析方法从个体网和整体网两个层面对连锁董事关系网络进行统计分析,并得出以下结论:

(1) 随着中国市场化程度的提高,企业间连锁董事关系数量呈下降趋势;

(2) 因个人同时在多家企业兼职独立董事而形成的企业间关系是连锁董事关系网络的主要成因;

(3) 与非国有企业相比,国有企业在连锁董事关系网络中居于较中心的位置且主导着连锁董事的功能;

(4) 与上海地区相比,广东地区的企业间连锁董事关系网络趋于松散。表明随着市场化程度的提高，正式制度安排趋于完善和健全。

基于正式制度安排与非正式制度安排之间的互补性，连锁董事作为一种非正式的制度安排，其发挥作用的空间会逐渐缩小。

第二，以资源依赖理论为支撑，使用社会网络分析方法和社会统计分析方法，从人力资本和社会资本两个维度探讨董事会资本对董事会决策质量和监督效率的影响。研究结果表明：

（1）董事会平均年龄、平均任期、平均受教育水平以及年龄、任期和教育水平构成异质性等董事会人力资本变量对董事会决策质量和监督效率均无显著影响。

（2）董事会会议次数对董事会决策质量和监督效率影响不显著。内部董事比例对董事会决策质量和监督效率均有显著正向影响，进一步对董事会决策质量和董事会监督效率的中介效应进行检验后发现，内部董事比例对董事会决策质量的影响因董事会监督效率的间接影响而弱化，内部董事比例对董事会监督效率的影响因董事会决策质量的间接影响而消失。

（3）董事会外部社会资本中连锁董事有利于提高董事会决策质量，而对董事会监督效率没有显著影响。

第三，因董事在其他企业兼职而形成的董事会外部社会资本有利于董事会治理效率改善，但是董事过度兼职而造成的忙碌董事是否会对董事会治理效率造成不利影响？忙碌董事如何影响董事会监督、咨询效率以及企业绩效？本书提出相关假设并进行实证检验发现：

（1）忙碌董事与董事会监督效率负相关，因此为"忙碌董事假设"提供了实证支持；

（2）忙碌董事与董事会咨询效率正相关，在"投资不足"企业更为显著，继而为"声誉假设"提供了实证支持；

（3）忙碌董事有利于"低监督成本、高咨询需求"企业绩效的改善，对"高监督成本、低咨询需求"企业绩效影响不具显著性。

董事会监督与咨询不能两全，企业应该根据自身规模、监督成

第十章 结束语

本与咨询需求等差异，理性考虑是否选择忙碌董事以有效发挥其积极效应的同时规避其不利影响，最终改善企业绩效并最大化企业价值。

第四，以董事会外部社会资本——连锁董事为研究对象，就连锁董事对组织冗余影响，连锁董事对企业技术创新的影响，以及连锁董事、组织冗余与企业技术创新的关系进行探索性研究。研究结果显示：

（1）包括所有关系在内的度中心性对企业创新绩效影响不显著，强连锁数量和地域趋同性对企业创新绩效有显著正向影响。

（2）连锁董事对组织冗余的影响中，度中心性、强连锁数量和地域趋同性三个网络因素对组织冗余均有负向影响，其中只有地域趋同性影响显著。

（3）连锁董事、组织冗余和创新绩效三者之间，组织冗余的中介效应不显著。

总之，连锁董事有助于提升企业创新绩效，有助于减少组织冗余，而组织冗余的减少并不能改善企业创新绩效。

结合董事会资本对董事会治理效率与企业技术创新影响的研究结果可知，相对于内部社会资本，董事会外部社会资本——连锁董事对企业的影响尤其显著。具体表现为：因董事个人在多家企业董事会兼职而引起的连锁董事有利于提高董事会决策质量与咨询效率，进而对董事会治理效率产生积极影响；即使过度兼职引起的忙碌董事也同样有利于董事会咨询效率的提高，但是改善企业绩效的积极效应仅适用于"低监督成本、高咨询需求"企业；连锁董事有助于提升企业创新绩效，有助于减少组织冗余，而组织冗余的减少并不能改善企业创新绩效。总之，本书就董事会资本、董事会治理效率与企业技术创新的关系进行研究，可以揭示董事会资本的功能定位，为企业积极寻求与获取各种资源支持的同时，为从政府层面合理规范董事阶层的"寻租"行为提供参考。

第二节 研究展望

本书使用社会网络分析方法，对转型时期董事会资本的重要表现之一——连锁董事关系网络的现状、演变特征和功能定位进行探讨，并就董事会内、外部资本对董事会监督、咨询以及董事会治理效率的进行系统分析，就董事会外部资本——连锁董事对企业技术创新的影响进行探索性研究，并对基于西方社会实践而构建的连锁董事相关理论在中国的适用性进行了检验，为发展与完善董事会资本相关理论提供了契机，同时也为规范连锁董事关系网络成员个体的行为提供了理论与实证依据。但不可避免的是，本书还存在一定的局限，有望从以下几个方面进一步深入拓展和完善：

一 董事会资本对董事会治理效率的影响研究

首先，考虑到董事会治理效率的高低取决于董事会监督与资源提供职能的履行效果。如何分别构建董事会监督职能与资源提供职能履行效果的评价指标体系。以代理理论和资源依赖理论为支撑，就董事会资本对董事会监督与资源提供职能的影响进行分析与比较研究，并总结概括董事会资本对董事会治理效率的综合效果。

其次，如何从"结构—行为"视角出发，以行为能力、行为需求、行为动机和行为条件为分析思路，以董事会资本作为行为能力，就行为需求（企业规模、不确定性和股权结构等）、行为动机（声誉激励、薪酬激励和股权激励等）和行为条件（空间距离等）对董事会资本和董事会监督与资源提供的调节作用进行探索性研究。

最后，由于企业的生存与发展离不开所处的制度环境，制度环境不同，董事会资本所能发挥作用的空间也不同。因此，如何就不同性质、不同区域企业的董事会资本对董事会治理效率影响进行比较研究。

二 董事会资本对企业绩效的影响研究

首先,如何基于"行为—绩效"的视角,从董事会监督与资源提供两个层面分析董事会治理效率对企业绩效的影响,并就董事会监督与资源提供对企业绩效的影响路径和作用机理进行比较研究,对两者之间的互补与替代关系进行理论分析和实证检验。

其次,如何基于"结构—行为—绩效"的分析框架,探讨董事会资本对企业绩效的直接影响,以及董事会资本通过影响董事会治理效率而对企业绩效的间接影响,并对董事会治理效率的中介效应进行检验。

最后,由于董事会资本影响董事会权能,而董事会权能决定董事会职能发挥在企业经营决策中的影响力和控制力。因此,如何就董事会资本对董事会权能的影响进行尝试性探讨,并就董事会权能对董事会治理效率与企业绩效的调节作用进行检验。

三 连锁董事、组织冗余与企业技术创新的关系研究

首先,如何按照组织冗余在企业中的存在形态和资源的可识别角度,将组织冗余划分为物质资源冗余、人力资源冗余、财务资源冗余和知识资源冗余,在对不同形式的组织冗余进行概念界定和量化分析的基础上,比较不同性质、不同规模、不同行业的企业不同形式组织冗余之间的差异并进行成因分析。

其次,由于企业借助于董事会资本获取各种资源后,这些资源是否会流向企业技术创新并有效地提升企业技术创新绩效,受制于董事会的创新动力和创新决策质量。如何从资源配置和使用的视角,就连锁董事关系网络对企业董事会创新动力和创新决策质量的影响进行探索性分析,并就董事会创新动力和创新决策质量对组织冗余和技术创新关系的调节作用进行探讨。这些都是现实的、值得进一步深入思考的研究课题。

参考文献

一 中文参考文献

[1] 陈晓红、彭子晟、韩文强：《我国中小企业技术创新影响因素模型及实证研究》，《中国科技论坛》2008 年第 7 期。

[2] 陈晓红、王思颖：《组织冗余与公司绩效关系研究——制度治理的调节作用》，《科研管理》2012 年第 9 期。

[3] 陈运森、谢德仁：《网络位置、独立董事治理与投资效率》，《管理世界》2011 年第 7 期。

[4] 董晓宇、郝灵艳：《中国市场化进程的定量研究：改革开放 30 年市场化指数的测度》，《当代经济管理》2010 年第 6 期。

[5] 段海艳、仲伟周：《CEO 人力资本特性、企业特性与企业间网络关系对 CEO 薪酬影响的实证分析——基于上海地区上市公司的经验研究》，《科学学与科学技术管理》2008 年第 3 期。

[6] 段海艳、仲伟周：《企业连锁董事影响因素的实证研究——基于我国上海地区上市公司的经验分析》，《科学学与技术管理》2008 年第 8 期。

[7] 段海艳、仲伟周：《网络视角下中国企业连锁董事成因分析》，《会计研究》2008 年 11 期。

[8] 段海艳：《中国连锁董事对企业绩效的影响研究》，《商业经济与管理》2009 年第 4 期。

[9] 段海艳：《连锁董事关系网络对企业融资行为影响的实证研究》，《软科学》2009 年第 12 期。

[10] 段海艳：《连锁董事、组织冗余与企业创新绩效关系研究》，《科学学研究》2012 年第 4 期。

[11] 方良:《上市公司代理成本与董事长人力资本特征关系的实证研究》,硕士学位论文,云南财经大学,2011年。

[12] 方润生:《企业的冗余资源及其有限理性来源观》,《经济经纬》2004年第4期。

[13] 方润生、李雄诒:《组织冗余的利用对中国企业创新产出的影响》,《管理工程学报》2005年第3期。

[14] 方润生、王长林:《组织冗余理论研究综述》,《中原工学院学报》2008年第3期。

[15] 龚辉锋、茅宁:《咨询董事、监督董事与董事会治理有效性》,《管理科学学报》2014年第2期。

[16] 郭立新、陈传明:《组织冗余与企业技术创新绩效的关系研究——基于中国制造业上市公司面板数据的实证分析》,《科学学与科学技术管理》2010年第11期。

[17] 郝卫英:《我国中小企业技术创新的政府因素分析》,《现代交际》2011年第8期。

[18] 蒋春燕、赵曙明:《组织冗余与绩效的关系:中国上市公司的时间序列实证研究》,《管理世界》2004年第5期。

[19] 鞠芳辉、谢子远、谢敏:《产业集群促进创新的边界条件解析》,《科学学研究》2012年第1期。

[20] 李柏洲:《影响中小企业技术创新研究的若干因素》,《学术交流》2010第7期。

[21] 李国栋:《多元化企业董事会咨询职能实现路径》,《技术经济与管理研究》2012年第3期。

[22] 李克强:《论"人口、资源与环境经济学"的理论基础》,《中央财经大学学报》2007年第4期。

[23] 李寿喜:《产权、代理成本和代理效率》,《经济研究》2007年第1期。

[24] 李伟、刘军、董瑞华:《关系网络在技术创新知识流动过程中的作用——基于信息空间理论的视角》,《科学管理研究》2009第2期。

［25］李晓翔、刘春林：《冗余资源与企业绩效关系的情境研究——兼论冗余资源的数量变化》，《南开管理评论》2011 年第 3 期。

［26］李延喜、高锐、杜瑞：《信息优势与投资者地缘效应的关系研究》，《科研管理》2012 年第 2 期。

［27］李永壮、刘小元：《董事会社会资本与公司成长性分析》，《技术经济与管理研究》2012 年第 12 期。

［28］梁启华、何晓红：《空间集聚：隐性知识转移与共享机理与途径》，《管理世界》2006 年第 3 。

［29］凌定胜：《独立董事特质对公司绩效的有效性研究》，博士学位论文，东华大学，2008 年。

［30］刘诚、杨继东：《独立董事的社会关系与监督功能——基于 CEO 被迫离职的证据》，《财经研究》2013 年第 39 期。

［31］刘飞、王开科：《我国中小板上市公司是投资不足还是投资过度》，《经济评论》2014 年第 4 期。

［32］刘浩、唐松、楼俊：《独立董事：监督还是咨询？——银行背景独立董事对企业信贷融资影响研究》，《管理世界》2012 年第 1 期。

［33］刘军：《社会网络分析导论》，中国社会科学出版社 2004 年版。

［34］刘瑞明、石磊：《国有企业的双重效率损失与经济增长》，《经济研究》2010 年第 1 期。

［35］刘小玄：《中国工业企业的所有制结构对效率差异的影响》，《经济研究》2000 年 第 2 期。

［36］刘岩：《上市公司董事会资本、产权性质与企业绩效的相关性研究》，博士学位论文，吉林大学，2012 年。

［37］卢昌崇、陈仕华：《连锁董事理论：来自中国企业的实证检验》，《中国工业经济》2006 年第 1 期。

［38］卢福财、胡平波：《网络租金及其形成机理分析》，《中国工业经济》2006 年第 6 期。

[39] 罗丹阳、殷兴山：《民营中小企业非正规融资研究》，《金融研究》2006年第4期。

[40] 罗党论、唐清泉：《政治关系、社会资本与政策资源获取：来自中国民营上市公司的经营证据》，《世界经济》2009年第7期。

[41] 罗宏、黄敏、周大伟、刘宝华：《政府补助、超额薪酬与薪酬辩护》，《会计研究》2014年第1期。

[42] 潘玲：《我国中小企业技术创新存在的问题与对策探讨》，《湖南工程学院学报》2004年第2期。

[43] 彭正银、廖天野：《连锁董事治理效应的实证分析——基于内在机理视角的探讨》，《南开管理评论》2008年第1期。

[44] 任兵、区玉辉、林自强：《企业连锁董事在中国》，《管理世界》2001年第6期。

[45] 任兵、区玉辉、彭维刚：《连锁董事、区域企业间连锁董事网与区域经济发展——对上海和广东两地区2001年上市公司的实证考察》，《管理世界》2004年第3期。

[46] 任兵：《连锁董事的企业间网络与公司治理》，《首都经济贸易大学学报》2005年第1期。

[47] 任兵、区玉辉、彭维刚：《连锁董事与公司绩效：针对中国的研究》，《南开管理评论》2007年第1期。

[48] 芮明杰、陈晓静、王国荣：《公司核心竞争力形成过程：一个函数模型分析》，《科研管理》2008年第29期。

[49] 石建中：《企业规模扩张的理性分析》，《中国海洋大学学报（社会科学版）》2008年第4期。

[50] 唐雪松、杜军、申慧：《独立董事监督中的动机——基于独立意见的经验证据》，《管理世界》2010年第9期。

[51] 唐雪松、马畅：《独立董事背景特征、辞职行为与企业价值》，《会计与经济研究》2012年第4期。

[52] 田高良、李留闯、齐保垒：《连锁董事、财务绩效和公司价值》，《管理科学》2011年第6期。

[53] 万鹏、曲晓辉:《董事长个人特征、代理成本与营收计划的自愿披露》,《会计研究》2012年第7期。

[54] 万伟、曾勇:《基于策略信息传递的外部董事占优型董事会投资决策机制研究》,《管理科学》2013年第26期。

[55] 王艳、贺新闻、梁莱歆:《不同产权性质下企业组织冗余与自主创新投入关系研究——来自中国上市公司的经验数据》,《科学学与科学技术管理》2011年第32期。

[56] 王永明、宋艳伟:《独立董事对上市公司技术创新投资的影响研究》,《科学管理研究》2010年第5期。

[57] 魏立群、王智慧:《我国上市公司高管特征与企业绩效的实证研究》,《南开管理评论》2002年第4期。

[58] 魏秀丽:《董事会职能的矛盾分析：经济学的视角》,《首都经济贸易大学学报》2005年第6期。

[59] 温忠麟、张雷、侯杰泰、刘红云:《中介效应检验程序及其应用》,《心理学报》2004年第36期。

[60] 徐伟、尹元甲:《基于创新型企业的董事会与创新投入实证研究》,《科技管理研究》2011年第20期。

[61] 杨蓓、张俊瑞:《连锁董事、审计师选择与盈余管理》,《山西财经大学学报》2011年第33期。

[62] 杨林:《管家理论与代理理论的比较分析——对上市公司董事会与CEO关系指导思想的一种新阐释》,《管理评论》2003年第15期。

[63] 杨勇、达庆利、周勤:《公司治理对企业技术创新投资影响的实证研究》,《科学学与科学技术管理》2007年第11期。

[64] 张晨、张宇:《国有企业是低效率的吗》,《经济学家》2011年第2期。

[65] 张俊瑞、王鹏、贾宗武、曾振:《独立董事背景对企业价值影响的研究——来自中小企业板上市公司的经验证据》,《统计与信息论坛》2010年第25期。

[66] 张文宏、阮丹青、潘允康:《天津农村居民的社会网》,《社

会学研究》1999 年第 2 期。

［67］ 张旭梅、陈伟：《供应链企业间信任、关系承诺与合作绩效——基于知识交易视角的实证研究》，《科学学研究》2011 年第 29 期。

［68］ 赵昌文、唐英凯、周静、邹晖：《家族企业独立董事与企业价值——对中国上市公司独立董事制度合理性的检验》，《管理世界》2008 年第 8 期。

［69］ 中国上市公司协会：《上市公司独立董事履职情况报告》，《董事会》2014 年第 1 期。

［70］ 钟和平：《基于企业冗余资源的技术创新激励机制研究》，博士学位论文，重庆大学，2009 年。

［71］ 周建、任尚华、金媛媛、李小青：《董事会资本对企业 R&D 支出的影响研究——基于中国沪深两市高科技上市公司的经验证据》，《研究与发展管理》2012 年第 24 期。

［72］ 周建、袁德利：《公司治理机制与公司绩效：代理成本的中介效应》，《预测》2013 年第 32 期。

［73］ 周小虎、陈传明：《企业网络资源与社会负债》，《经济管理》2005 年第 8 期。

［74］ 朱秀梅、陈琛、蔡莉：《网络能力、资源获取与新企业绩效关系实证研究》，《管理科学学报》2010 年第 13 期。

［75］ 朱秀梅、李明芳：《创业网络特征对资源获取的动态影响——基于中国转型经济的证据》，《管理世界》2011 年第 6 期。

［76］ 邹国庆、倪昌红：《经济转型中的组织冗余与企业绩效：制度环境的调节作用》，《中国工业经济》2010 年第 11 期。

二　外文参考文献

［1］ Abdullah, S. N., Causes of Gender Diversity in Malaysian Firms [OL]. *Journal of Management And Governance* (Forthcoming). 2013, DOI 10.1007/s10997-013-9279-0.

［2］ Adams, R. B., Ferreira, D. A., Theory of Friendly Boards [J]. *The Journal of Finance*, 2007, 62 (1), pp. 217-250.

[3] Adams, R., Ferreira, D., Women in the Boardroom and Their Impact on Governance and Performance [J]. *Journal of Financial Economics*, 2009, (94), pp. 291 – 309.

[4] Adams, R. B., Hermalin, B., Weisbach, M. S., The Role of Boards of Directors in Corporate Governance: A Conceptual Framework and Survey [J]. *Journal of Economic Literature*, 2010 (48), pp. 58 – 107.

[5] Aggarwal, R. K., Samwick, A., Empire – builders and Shirkers: Investment, Firm Performance, and Managerial Incentives [J]. *Journal of Corporate Finance*, 2006, 12 (3), pp. 489 – 515.

[6] Ahlstrom, D., Bruton, G. D., Learning from Successful Local Private Firms in China: Establishing Legitimacy [J]. *Academy of Management Executive*, 2001, 15 (4), pp. 72 – 83.

[7] Ahn, S., Walker, M. D., Corporate Governance and the Spin – off Decision [J]. *Journal of Corporate Finance*, 2007 (13), pp. 76 – 93.

[8] Ahuja, G., Collaboration Networks, Structural Holes and Innovation: A Longitudinal Study [J]. *Administrative Science Quarterly*, 2000, (45), pp. 425 – 455.

[9] Aldrich Howard, Jeffrey Pfeffer, Environment of Organizations [J]. *Annual Review of Sociology*, 1976, (2), pp. 79 – 105.

[10] Aldrich Howard, Organizations and Environments [M]. *Englewood Cliffs*. NJ: *Prentice – Hall*, 1979, pp. 5 – 9.

[11] Alix Valenti, Stephen, V. Horner, Corporate Directors' Social Capital: How Centrality and Density Impact Board Monitoring [J]. *Journal of Applied Business and Economics*, 2010, (11), pp. 117 – 127.

[12] Amrit, T., Do Bridging Ties Complement Strong Ties? An Empirical Examination of Alliance Ambidexterity [J]. *Strategic Management Journal*, 2008, 29 (3), pp. 251 – 272.

参考文献

[13] Amy J. Hillman and Thomas Dalziel, Boards of Directors and Firm Performance: Integrating Agency and Resource Dependence Perspectives [J]. *The Academy of Management Review*, 2003, 28 (3), pp. 383 - 396.

[14] Anderson, R., Reeb, D., Upadhyay, A., Zhao, W., The Economics of Director Heterogeneity [J]. *Financial Management*, 2011, 40 (1), pp. 5 - 38.

[15] Armstrong, C. S., Guay, W. R., Weber, J. P., The Role of Information And Financial Reporting in Corporate Governance And Contracting [J]. *Journal of Accounting and Economics*, 2010, 50 (4), pp. 179 - 234.

[16] Bammens, Y., Voordeckers, W., Van Gils, A., Boards of Directors in Family Businesses: A Literature Review and Research Agenda [J]. *International Journal of Management Review*, 2011 (13), pp. 134 - 152.

[17] Barnea, A., Guedj, I., Director Networks [R]. *Working Paper*, University of Texas, 2009.

[18] Barney, J. B., Firm Resource and Sustained Competitive Advantage [J]. *Journal of Management*, 1991 (17), pp. 99 - 120.

[19] Baysinger, B., Hoskisson, R. E., The Composition of Board of Directors and Strategic Control: Effects on Corporate Strategy [J]. *Academy of Management Review*, 1990, 15 (1), pp. 72 - 87.

[20] Bell, G. G., Clusters, Networks and Firm Innovativeness [J]. *Strategic Management Journal*, 2005 (26), pp. 287 - 295.

[21] Benson, B. W., Do Busy Directors and CEOs Shirk Their Responsibilities? Evidence from Mergers and Acquisitions [J]. *The Quarterly Review of Economics and Finance*, (2014), http://dx.doi.org/10.1016/j.qref.2014.08.004.

[22] Biddle, G. C., Hilary, G., Verdi, R. S., How Does Financial Reporting Quality Relate to Investment Efficiency? [J]. *Journal of*

Accounting & Economics, 2009, (48), pp. 112 – 131.

[23] Boeker, W., Wiltbank, R., New Venture Evolution and Managerial Capabilities [J]. *Organization Science*, 2005 (16), pp. 123 – 133.

[24] Boivie, S., Jones, C. D., Khanna, P., Director Capabilities, Information Processing Demands and Board Effectiveness [J]. *Academy of Management Proceedings*, 2008, pp. 1 – 6.

[25] Boone, A., Field, L., Karpof, J. and Raheja, C., The Determinants of Corporate Board Size and Composition: An Empirical Analysis [J]. *Journal of Financial Economics*, 2007, 85 (1), pp. 66 – 101.

[26] Bourgeois, L. J., On the Measurement of Organizational Slack [J]. *Academy of Management Review*, 1981, 6 (1), pp. 29 – 39.

[27] Brian L. Connelly, Jonathan L. Johnson, Alan, E. Ellstrand, More Than Adapters: Competing Influences in the Interlocking Directorate [J]. *Organization Science*, 2011, 223 (3), pp. 688 – 703.

[28] Bromiley, P., Testing a Causal Model of Corporate Risk Taking and Performance [J]. *Academy of Management Journal*, 1991, 34, pp. 37 – 59.

[29] Burris, V., Director Interlocks and Political Cohesion among Corporate Elites [J]. *American Journal of Sociology*, 2005 (11), pp. 249 – 283.

[30] Burt, R. S., Cooperative Corporate Actor Networks: A Reconsideration of Interlocking Directorates Involving American Manufacturing [J]. *Administrative Science Quarterly*, 1980 (25), pp. 557 – 581.

[31] Burt, R. S., *Corporate Profits and Cooperation* [M]. New York, Academic Press, 1983, pp. 29 – 33.

参考文献

[32] Byoun, S. , Chang, K. , Kim, Y. S. , Does Corporate Board Diversity Affect Corporate Payout Policy? Working Paper, 2012, Baylor University.

[33] Capaldo, A. , Network Structure and Innovation: The Leveraging of a Dual Networks as Distinctive Relational Capability [J] . *Strategic Management Journal*, 2007, 28 (6), pp. 585 – 608.

[34] Carlos Pombo, Luis, H. Gutiérrez, Outside Directors, Board Interlocks and Firm Performance: Empirical Evidence from Colombian Business Groups [J] . *Journal of Economics and Business*, 2011, 63 (4), pp. 251 – 277.

[35] Carpenter, M. A. , Westphal, J. , The Strategic Context of External Network Ties: Examining the Impact of Director Appointments on Board Involvement in Strategic Decision – making [J]. *Academy of Management Journal*, 2001, (44), pp. 639 – 660.

[36] Catalyst, The Bottom Line: Connecting Corporate Performance and Gender Diversity [OL] . 2004. www. Catalyst women. org.

[37] Catherine Beaudry, Stefano Breschi, Does "Clustering" Really Help Rirms' Innovative Activities? [OL] . 2000. ftp: // ftp. repec. org/opt/ReDIF/RePEc/cri/papers/wp111. pdf.

[38] Chakravarthy, B. S. , Measuring Strategic Performance [J] . *Strategic Management Journal*, 1986, 7, pp. 437 – 458.

[39] Chin – Huat Ong, David Wan, Kee – Sing Ong, An Exploratory Study on Interlocking Directorates in Listed Firms in Singapore [J]. *Corporate Governance*, 2003, 11 (4), pp. 322 – 334.

[40] Christine Shropshire, The Role of the Interlocking Director and Board Receptivity in the Diffusion of Practices [J] . *Academy of Management Review*, 2010, 35 (2), pp. 246 – 264.

[41] Clark, J. , Guy, K. , Innovation and Competitiveness: A Review [J] . *Technology Analysis & Strategic Management*, 1998 (3), pp. 363 – 395.

[42] Coles and Hoi, New Evidence on the Market for Directors: Board Membership and Pennsylvania Senate Bill 1310 [J]. *Journal of Finance*, 2003 (58), pp. 197 – 230.

[43] Coles, J., Daniel, N., Naveen, L., Boards: Does One Size Fit All? [J]. *Journal of Financial Economics*, 2008 (87), pp. 329 – 356.

[44] Collins, G., Ntim, Board Diversity and Organizational Valuation: Unravelling the Effects of Ethnicity and Gender [OL]. DOI 10.1007/s10997 – 013 – 9283 – 4, 2013 – 10 – 20.

[45] Core, J., Holthausen, R., Larcker, D., Corporate Governance, Chief Executive Officer Compensation, and Firm Performance [J]. *Journal of Financial Economics*, 1999 (51), pp. 371 – 406.

[46] Cuervo – Cazurra, A. and Un, C. A., Why Some Firms Never Invest in Formal R&D [J]. *Strategic Management Journal*, 2010, 31 (7), pp. 759 – 779.

[47] Cyert, R., March, J. A., *Behavioral Theory of the Firm* [M]. Englewood Cliffs. NJ: Prentice – Hall, 1963.

[48] Dalziel, T., Gentry, R. J. and Bowerman, M., An Integrated Agency – Resource Dependence View of the Influence of Directors' Human and Relational Capital on Firms' R&D Spending [J]. *Journal of Management Studies*, 2011 (48), pp. 1217 – 1242.

[49] Daniel, P. Forbes and Frances, J. Milliken, Cognition and Corporate Governance: Understanding Boards of Directors as Strategic Decision – Making Groups [J]. *Academy of Management Reviews*, 1999, 24 (3), pp. 489 – 505.

[50] David F. Larcker, Eric C. So, Charles C. Y. Wang, Boardroom Centrality And Firm Performance [J]. *Journal of Accounting and Economics*, 2013 (55), pp. 225 – 250.

[51] David M. Reed, Wanli Zhao, Director Capital And Corporate Dis-

closure Quality [J]. *Journal of Accounting Public Policy*, 2013 (32), pp. 191 – 212.

[52] Dosi, G., Agents Without Principles? The Spread of the Poison Pill Through the Inter – corporate Network [J]. *Administrative Science Quarterly*, 1988 (36), pp. 582 – 612.

[53] Duchesnean, D. A., Gartner, W. B., A Profile of New Venture Success and Failure in an Emerging Industry [J]. *Journal of Business Venturing*, 1990, 5 (5), pp. 297 – 312.

[54] Duchin, R., Matsusaka, J. G., Ozbas, O., When Are Outside Directors Effective? [J]. *Journal of Financial Economics*, 2010, 96 (2), pp. 195 – 214.

[55] Dyer, J. H., Specialized Supplier Networks as Source of Competitive Advantage: Evidence from Auto Industry [J]. *Strategy Management Journal*, 1996, (17), pp. 187 – 201.

[56] Eisenbeis, R. A., McCall, A. S., The Impact of Legislation Prohibiting Director – interlocks among Depository Financial Institutions [J]. *Journal of Banking and Finance*, 1978, (2), pp. 323 – 337.

[57] Eliezer M. Fich, Are Some Outside Directors Better Than Others? Evidence from Director Appointments by Fortune 1000 Firms [J]. *Journal of Business*, 2005, 7 (5), pp. 67 – 99.

[58] Eliezer M. Fich, Anil Shivdasani, Are Busy Boards Effective Monitors? [J]. *The Journal of Finance*, 2006, 61 (2), pp. 689 – 724.

[59] Erik Devos, Andrew Prevost and John Puthenpurackal, Are Interlocked Directors Effective Monitors? [J]. *Financial Management*, 2009, (4), pp. 861 – 887.

[60] Ettore Croci, Rosanna Grassi, The Economic Effect of Interlocking Directorates in Italy: New Evidence Using Centrality Measures [R]. April, 2011. http://ssrn.com/abstract = 1590269.

[61] F. Welter, The Environment for Female Entrepreneurship in Germany [J]. *Journal of Small Business and Enterprise Development*, 2004, (11), pp. 212 – 221.

[62] Fahlenbrach, R., Low, A., Stulz, R. M., Why Do Firms Appoint CEOs as Outside Directors? [J]. *Journal of Financial Economics*, 2010, (97), pp. 12 – 32.

[63] Faleye, O., Hoitash, R., Hoitash, U., The Costs of Intense Board Monitoring [J]. *Journal of Financial Economics*, 2011, 101 (1), pp. 160 – 181.

[64] Faleye, O., Hoitash, R., Hoitash, U., Advisory Directors [R]. SSRN Working Paper, 2012. http: //papers. ssrn. com/ sol3/papers. cfm? abstract id = 1866166.

[65] Fama, E. F., Jensen, M. C., Separation of Ownership and Control [J]. *Journal of Law and Economics*, 1983, 26 (2), pp. 301 – 325.

[66] Ferris, S. P., Jagannathan, M., Pritchard, A. C., Too Busy to Mind the Business? Monitoring by Directors with Multiple Board Appointments [J]. *Journal of Finance*, 2003 (58), pp. 1087 – 1111.

[67] Fich, E. and A. Shivdasani, Are Busy Boards Effective Monitors? [J]. *Journal of finance*, 2006, (61), pp. 689 – 724.

[68] Field, L. C., Lowry, M., Mkrtchyan, A., Are Busy Boards Detrimental for all Firms [R]. Working paper of Penn State University, 2011.

[69] Filatotchev, I., Wright, M., Arberk, M., Venture Capitalists, Syndication and Governance in Initial Public Offerings [J]. *Small Business Economics*, 2006 (26), pp. 337 – 350.

[70] Finnkelstein, S., Hambrick, D. C., *Strategic Leadership: Top Executives and Their Effects on Organizations* [M]. St. Paul, MN: West Publishing Company, 1996.

参考文献

[71] Fischer, H. M. and Pollock, T. G., Effects of Social Capital and Power on Surviving Transformational Change: The Case of Initial Public Offerings [J]. *The Academy of Management Journal*, 2004, 47 (4), pp. 463 - 481.

[72] Fracassi, C., Tate, M., External Networking And Internal Firm Governance [J]. *Journal of Finance*, 2012, 67 (1), pp. 153 - 194.

[73] Francis Daniel, Franz T. Lohrke, Charles J. Fornaciari, R. Andrew Turner Jr., Slack Resources and Firm Performance: A Meta-analysis [J]. *Journal of Business Research*, 2004, (57), pp. 565 - 574.

[74] Garg, S., Venture Boards: Distinctive Monitoring and Implications for Firm Performance [J]. *Academy of Management Review*, 2013, 38 (1), pp. 90 - 108.

[75] Geiger, S. W., Cashen, L. H. A., Multidimensional Examination of Slack and Its Impaction Innovation [J]. *Journal of Managerial Issues*, 2002, 14 (1), pp. 68 - 84.

[76] Geiger, S. W., Makri, M., Exploration and Exploitation Innovation Processes: The Role of Organizational Slack in R&D Intensive Firms [J]. *Journal of High Technology Management Research*, 2006, 17 (1), pp. 97 - 108.

[77] Geletkanycz, M. A., Boyd, B. K., CEO Outside Directorship And Firm Performance: A Reconciliation of Agency And Embeddedness Views [J]. *Academy of Management Journal*, 2011, (54), pp. 335 - 352.

[78] Granovetter, M., The Strength of Weak Ties [J]. *The American Journal of Sociology*, 1973, 78 (6), pp. 1360 - 1380.

[79] Green, M. A., Geographical Examination of Interlocking Directorates for Large American Corporations [D]. Department of Geography, the Ohio State University, Columbus, Ohio, 1980.

[80] Gwen Moore, Sarah Sobieraj, J. Allen Whitt et al. , Elite Interlocks in Three U. S. Sector: Nonprofit, Corporate and Government [J]. *Social Science Quarterly*, 2002, 83 (3), pp. 726 – 744.

[81] Hambrick, D. , D'Aveni, R. , Large Corporate Failures as Downside Spirals [J]. *Administrative Science Quarterly*, 1988, (33), pp. 1 – 23.

[82] Hansen, M. T. , The Search – transfer Problem: The Role of Weak Ties in Sharing Knowledge across Organization Submits [J]. *Administrative Science Quarterly*, 1999, 44 (1), pp. 82 – 112.

[83] Harris, I. C. , Shimizu, K. , Too Busy to Serve? An Examination of the Influence of Over – boarded Directors [J]. *Journal of Management Studies*, 2004 (41), pp. 775 – 798.

[84] Haynes, K. T. , Hillman, A. J. , The Effect of Board Capital and CEO Power on Strategic Change [J]. *Strategic Management Journal*, 2010 (31), pp. 1145 – 1163.

[85] Heemskerk, Eelke M. , The Rise of the European Corporate Elite: Evidence From the Network of Interlocking Directorates in 2005 and 2010 [J]. *Economy & Society*, 2013, 42 (1), pp. 74 – 101.

[86] Helland, E. , Reputational Penalties and the Merits of Class Action Securities Litigation [J]. *Journal of Law and Economics*, 2006, (49), pp. 365 – 395.

[87] Herold, D. M. , Jayaraman, N. , Narayanaswamy – Ayaraman, C. R. , What Is the Relationship Between Organizational Slack and Innovation [J]. *Journal of Managerial Issues*, 2006, 18 (3), pp. 372 – 392.

[88] Hillman, A. J. , T. Dalziel, Boards of Directors and Firm Performance: Integrating Agency and Resource Dependence Perspectives [J]. *Academy of Management Review*, 2003, (28), pp.

383 – 396.

[89] Hillman, A. J., Shropshire, C., Certo, S. T., Dalton, D. R., Dalton, C. M., What I Like About You: A Multilevel Study of Shareholder Discontent With Director Monitoring [J]. *Organization Science*, 2011 (22), pp. 675 – 687.

[90] Hitt, M. A., Hoskisson, R. E., Johnson, R. A., Moesel, D., The Market for Corporate Control and Firm Innovation [J]. *Academy of Management Journal*, 1996 (39), pp. 1084 – 1119.

[91] Hsiang – Lan Chen, Mei Hsiu – Ching Ho, Wen – Tsung Hsu, Does Board Social Capital Influence Chief Executive Officers' Investment Decisions in Research And Development [J]. *R & D Management*, 2013, 43 (4), pp. 381 – 393.

[92] Hwang, B. H., Kim, S., It Pays to Have Friends [J]. *Journal of Finance Economy*, 2009, 93, pp. 138 – 158.

[93] Incheol Kim, Christos Pantzalis, Jung Chul Park, Corporate Boards' Political Ideology Diversity and Firm Performance [J]. *Journal of Empirical Finance*, 2013 (21), pp. 223 – 240.

[94] James, D., Westphal and Ithai Stern, Flattery Will Get You Everywhere (Especially You are a Male Caucasian): How Ingratiation, Boardroom Behavior, and Demographic Minority Status Affect Additional Board Appointment at U. S. Companies [J]. *Academy of Management Journal*, 2007, 50 (2), pp. 267 – 288.

[95] Jason Owen Smith, Knowledge Networks as Channels and Conduits: The Effects of Spillovers in the Boston Biotechnology Community [OL]. http://dx.doi.org/10.1287/orsc.1030.0054. [2004 – 2 – 1].

[96] Jenny Tian, John Haleblian, and Nandini Rajagopalan, The Effects of Board Human and Social Capital on Investor Reactions to New CEO Selection [J]. *Strategic Management Journal*, 2011, (32), pp. 731 – 747.

[97] Jensen, M., Meckling, W., Theory of the Firm: Managerial Behavior Agency Cost and Ownership Structure [J]. *Journal of Financial Economics*, 1976, 3 (4), pp. 305 - 360.

[98] Jiraporn, P., Kim, Y. S., Davidson III, W. N., Multiple Directorships and Corporate Diversification [J]. *Journal of Empirical Finance*, 2008, (15), pp. 418 - 435.

[99] Jiraporn, P., Wallace, N., Davidson III, Peter DaDalt, Yixi Ning, Too Busy to Show up? An Analysis of Directors' Absences [J]. *The Quarterly Review of Economics and Finance*, 2009 (49), pp. 1159 - 1171.

[100] Joakim Wincent, Sergey Anokhin, Daniel Artqvist, Does Network Board Capital Matter? A Study of Innovative Performance in Strategic SME Networks [J]. *Journal of Business Research*, 2010 (63), pp. 265 - 275.

[101] Johnny Jermias, Board Capital, Board Characteristics, and Managerial Share Ownership, Impact on Firm Performance [OL]. http://papers.ssrn.com/sol3/papers.cfm?abstract_id = 1316561. [2008 - 11 - 17].

[102] Keys, P. Y., Li, J., Evidence on the Market for Professional Directors [J]. *Journal of Financial Research*, 2005 (28), pp. 575 - 589.

[103] Kim, H. and Lim, C., Diversity, Outsider Directors and Firm Valuation: Korean Evidence [J]. *Journal of Business Research*, 2010 (63), pp. 284 - 291.

[104] Kim, Y. and Cannella, A. A. Jr., Toward a Social Capital Theory of Director Selection [J]. *Corporate Governance*, 2008 (16), pp. 282 - 293.

[105] Koenig, T., Gogel, R., Sonquist, J., Models of the Significance of Interlocking Corporate Directorate [J]. *American Journal of Economic and Sociology*, 1979 (38), pp. 173 - 186.

[106] Kor, Y. Y. and Sundaramurthy, C., Experience - based Human Capital and Social Capital of Outside Directors [J]. *Journal of Management*, 2009, 35 (4), pp. 981 - 1006.

[107] Kosnik, R. D., Effects of Board Demography and Directors' Incentives on Corporate Greenmail Decisions [J]. *Academy of Management Journal*, 1990 (33), pp. 129 - 150.

[108] Kyonghee Kim, Elaine Mauldin, Sukesh Patro, Outside Directors and Board Advising and Monitoring Performance [J]. *Journal of Accounting and Economics*, 2014 (57), pp. 110 - 131.

[109] L. A. A. Van den Berghe and Tom Baelden, The Complex Relation Between Director Independence and Board Effectiveness [J]. *Corporate Governance*, 2005, 5 (5), pp. 58 - 83.

[110] Lane, P. J., Salk, J., Lyles, M., Absorptive Capacity, Learning, and Performance in International Joint Ventures [J]. *Strategic Management Journal*, 2001, 22 (12), pp. 1139 - 1161.

[111] Larcker, David F., Richardson, Scott A., Seary, Andrew and Tuna, A. Irem, Back Door Links between Directors and Executive Compensation (February 2005) [R]. http: //ssrn. com/abstract = 671063.

[112] Laura Field, Michelle Lowry, Anahit Mkrtchyan, Are Busy Boards Detrimental? [J]. *Journal of Financial Economics*, 2013 (109), pp. 63 - 82.

[113] Leibenstein, H., Organizational or Frictional Equilibria X - efficiency and the Rate of Innovation [J]. *Quarterly Journal of Economics*, 1969 (83), pp. 600 - 623.

[114] Lin, C. Y. Y., Wei, Y. C., The Role of Board Chair in the Relationship Between Board Human Capital and Firm Performance [J]. *International Journal of Business Governance and Ethics*, 2006, 2 (3/4), pp. 329 - 340.

[115] Linck, J. S., Netter, J. M., Yang, T., The Determinants of Board Structure [J]. *Journal of Financial Economics*, 2008, 87 (2), pp. 308 – 328.

[116] Lincoln, A. and Adedoyin, O., Corporate Governance And Gender Diversity in Nigerian Boardrooms [J]. *World Academy of Science, Engineering and Technology*, 2012 (71), pp. 1853 – 1859.

[117] Linn, S. C., Park, D., Outside Director Compensation Policy and the Investment Opportunity Set [J]. *Journal of Corporate Finance*, 2005 (11), pp. 680 – 715.

[118] Lipton, M., Lorsch, J. W., A Modest Proposal for Improved Corporate Governance [J]. *Business Lawyer*, 1992 (48), pp. 59 – 77.

[119] Luckerath – Rovers, M., Women on Boards And Firm Performance [J]. *Journal of Management and Governance*, 2013 (17), pp. 491 – 508.

[120] Martin Arnegger, Christian Hofmann, Kerstin Pull, Karin Vetter, Firm Size and Board Diversity [OL]. *DOI* 10.1007/s10997 – 013 – 9273 – 6. 2013 – 5 – 5.

[121] Martinez – Ros, E., Orfila – Sintes, F., Innovation Activity in the Hotel Industry [J]. *Technovation*, 2009, 29 (9), pp. 632 – 641.

[122] Mary, M. Shirley, Patrick Walsh, Public Versus Private Ownership: The Current State of the Debate. Working Paper, The World Bank. 2000.

[123] Mason A. Carpenter and James D. Westphal, The Strategic Context of External Network Ties: Examining the Impact of Director Appointments on Board Involvement in Strategic Decision Making [J]. *The Academy of Management Journal*, 2001, 44 (4), pp. 639 – 660.

参考文献

[124] Meyer, A. D., Adapting to Environmental Jolts [J]. *Administrative Science Quarterly*, 1982 (27), pp. 515 – 537.

[125] Miriam Schwartz – Ziv, Michael, S., Weisbach, What Do Boards Really Do? Evidence from Minutes of Board Meetings [J]. *Journal of Financial Economics*, 2013 (108), pp. 349 – 366.

[126] Mizruchi, M. S., Stearns, L. B., A Longitudinal Study of the Formation of Interlocking Directorates [J]. *Administrative Science Quarterly*, 1988 (39), pp. 194 – 210.

[127] Mizruchi, M. S. and Stearns, L. B., A Longitudinal Study of Borrowing by Large American Corporations [J]. *Administrative Science Quarterly*, 1994, 39 (1), pp. 118 – 140.

[128] Mizruchi, M. S., What Do Interlocks Do? An Analysis, Critique, and Assessment for Research on Interlocking Directorates [J]. *Annual Review of Sociology*, 1996, (22), pp. 271 – 298.

[129] Mol, M., Creating Wealth Through Working With Others: Inter – organizational Relationships [J]. *The Academy of Management Executive*, 2001, 15 (1), pp. 150 – 159.

[130] Moran, P., Structural vs Relational Embeddedness: Social Capital and Managerial Performance [J]. *Strategic Management Journal*, 2005, 26 (12), pp. 1129 – 1151.

[131] Myers and Majluf, Corporate Financing and Investment Decisions When Firms Have Information that Investor Do not Have [J]. *Journal of Financial Economics*, 1984 (13), pp. 187 – 221.

[132] Nicholson, G., Alexander, M., Kiel, G., Deoning the Social Capital of the Board of Directors: An Exploratory Study [J]. *Journal of Management and Organization*, 2004 (10), pp. 54 – 72.

[133] Nielsen, S., Huse, M., The Contribution of Women on Boards of Directors: Going Beyond the Surface [J]. *Corporate Governance, pp. An International Review*, 2010 (18), pp. 136 – 148.

[134] Nohria, N., Gulati, R., Is Slack Good or Bad for Innovation? [J]. *Academy of Management Journal*, 1996, 39 (5), pp. 1245 – 1264.

[135] Nonaka, I., Toyama, R. and Konno, N., SECI, Ba and Leadership: A Unified Model of Dynamic Knowledge Creation [J]. *Long Range Planning*, 2000, 33 (1), pp. 5 – 34.

[136] Oh, H., Labianca, G., Chung, M. H., A Multilevel Model of Group Social Capital [J]. *Academy of Management Review*, 2006, 31 (3), pp. 569 – 582.

[137] OSu Uivan, N., Managers as Monitors: An Analysis of the Non Executive Role of Senior Executive Introduction in UK Companies [J]. *British Journal of Management*, 2000 (11), pp. 17 – 29.

[138] Pamela R. Haunschild, Inter – organizational Imitation: The Impact of Interlocks on Corporate Acquisition Activity [J]. *Administrative Science Quarterly*, 1993, (38), pp. 564 – 592.

[139] Pamela R. Haunschild, Christine M. Bechman, When Do Interlocks Matter? Alternate Sources of Information and Interlock Influence [J]. *Administrative Science Quarterly*, 1998 (43), pp. 815 – 844.

[140] Pearce, J. A., Zahra, S. A., The Relative Power of CEOs and Boards of Directors: Associations with Corporate Performance [J]. *Strategic Management Journal*, 1991, 12 (2), pp. 135 – 153.

[141] Perry, T. and Peyer, U., Board Seat Accumulation by Executives: A Shareholder's Perspective [J]. *Journal of Finance*, 2005 (60), pp. 2083 – 2123.

[142] Perry, N., Managers as Monitors: An Analysis of the Non Executive Role of Senior Executive Introduction in UK Companies [J]. *British Journal of Management*, 2000 (11), pp. 17 – 29.

[143] Phelps, C. C., A Longitudinal Study of the Influence of Alliance

Network Structure and Composition on Firm Exploratory Innovation [J]. *Academy of Management Journal*, 2010, 53 (4), pp. 890-913.

[144] Pingying Zhang, Power and Trust in Board - CEO Relationship [J]. *Journal of Management Governance*, 2013 (17), pp. 745-765.

[145] Platt, H. and Platt, M., Corporate Board Attributes and Bankruptcy [J]. *Journal of Business Research*, 2012 (65), pp. 1139-1143.

[146] Post, C., Rahman, N., Rubow, E., Green Governance: Boards of Directors' Composition and Environmental Corporate Social Responsibility [J]. *Business & Society*, 2011 (50), pp. 189-223.

[147] Powell, W. W., Koput, K. W., Smith - Doerr, L., Inter - organizational Collaboration and the Focus of Innovation: Network of Learning in Biotechnology [J]. *Administrative Science Quarterly*, 1996, 1 (1), pp. 116-145.

[148] Rafael Liza Santos, Alexandre Di Miceli da Silveira, Board Interlocking in Brazil: Directors' Participation in Multiple Companies and Its Effect on Firm Value [OL]. http://www.ssrn.com. [2007-10-03].

[149] Raheja, C. G., Determinants of Board Size and Composition: A Theory of Corporate Boards [J]. *Journal of Financial and Quantitative Analysis*, 2005, 40 (2), pp. 283-306.

[150] Reagans, R., McEvily, B., Network Structure and Knowledge Transfer: The Effects of Cohesion and Range [J]. *Administrative Science Quarterly*, 2003, (48), pp. 240-267.

[151] Rhee, M., Lee, J. H., The Signals Outside Directors Send to Foreign Investors: Evidence From Korea [J]. *Corporate Governance: An International Review*, 2008 (16), pp. 41-51.

[152] Richardson, R. J., Directorship Interlocks and Corporate Profitability [J]. *Administrative Science Quarterly*, 1987 (32), pp. 367–386.

[153] Richardson, S., Over-investment of Free Cash Flow [J]. *Review of Accounting Studies*, 2006, 126 (11), pp. 159–189.

[154] Ronald W. Masulis, Cong Wang and Fei Xie, Globalizing the Boardroom—The Effects of Foreign Directors on Corporate Governance and Firm Performance [J]. *Journal of Accounting and Economics*, 2012, 53 (3), pp. 527–554.

[155] Rose, C., Does Female Board Representation Influence Firm Performance? The Danish Evidence [J]. *Corporate Governance: An International Review*, 2007 (15), pp. 404–413.

[156] Rulke, D. L., Galaskiewicz J., Distribution of Knowledge, Group Network Structure, and Group Performance [J]. *Management Science*, 2000, 46 (5), pp. 261–294.

[157] Rutherford, M. A., Buchholtz, A. K., Investigating the Relationship Between Board Characteristics and Board Information [J]. *Corporate Governance: An International Review*, 2007, 15 (4), pp. 576–584.

[158] Rutten, R., Inter-firm Knowledge Creation: A Reappreciation of Embeddedness from a Relational Perspective [J]. *European Planning Studies*, 2004, 12 (5), pp. 659–673.

[159] Salman, N., Saives, A. L., Indirect Networks: An Intangible Resource for Biotechnology Innovation [J]. *R&D Management*, 2005, 35 (2), pp. 203–215.

[160] Schmidt, S. L., Brauer, M., Strategic Governance: How to Assess Board Effectiveness in Guiding Strategy Execution [J]. *Corporate Governance, pp. An International Review*, 2006, 14 (1), pp. 13–22.

[161] Schon, D. A., *The Reflective Practitioner* [M]. New York:

Basic Books, 1983, pp. 87 - 89.

[162] Schoorman, F. D., Bazerman, M. H., Atkin, R. S., Interlocking Directorates: A Strategy for Reducing Environmental Uncertainty [J]. *Academy of Management Review*, 1981 (6), pp. 243 - 251.

[163] Sean B. O'Hagan, Milford B. Green, Corporate Knowledge Transfer via Interlocking Directorates: A Network Analysis Approach [J]. *Geoforum*, 2004 (35), pp. 127 - 139.

[164] Seoungpil Ahn, Keshab Shrestha, The Differential Effects of Classified Boards on Firm Value [J]. *Journal of Banking & Finance*, 2013 (37), pp. 3993 - 4013.

[165] Sharfman, M. P., Wolf, G., Chase, R. B., Antecedents of Organizational Slack [J]. *Academy of Management Review*, 1988, 13 (4), pp. 601 - 614.

[166] Shenkar, O. and von Glinow, M., Paradoxes of Organization Theory and Research: Using the Case of China to Illustrational Contingency [J]. *Management Science*, 1994 (40), pp. 56 - 71.

[167] Shipilov, A. V., Greve, H. R., Rowley, T. J., When Do Interlocks Matter? Institutional Logics and the Diffusion of Multiple Corporate Governance Practices [J]. *Academy of Management Journal*, 2010, 53 (4), pp. 846 - 864.

[168] Simoni Michele, Caiazza Rosa, How Does Learning Intent Affect Interlocking Directorates Dynamic? [J]. *Learning Organization*, 2012 (19) 5, pp. 388 - 399.

[169] Singh, J. V., Performance, Slack, and Risk Taking in Organizational Decision Making [J]. *Academy of Management Journal*, 1986 (29), pp. 562 - 585.

[170] Szymon Kaczmarek, Satomi Kimino, Annie Pye, Interlocking Directorships And Firm Performance in Highly Regulated Sectors: the Moderating Impact of Board Diversity [OL]. DOI 10.1007/

s10997 - 012 - 9228 - 3. [2012 - 06 - 24].

[171] Tan, J., Peng, M. W., Organizational Slack and Firm Performance During Economic Transitions: Two Studies from an E-merging Economy [J]. *Strategic Management Journal*, 2003, 24 (13), pp. 1249 - 1263.

[172] Thompson, J. D., Organizations in Action [M]. New York: McGraw - Hill, 1967.

[173] Toby E. Stuart, Soojin Yim, Board Interlocks and the Propensity to Be Targeted in Private Equity Transactions [J]. *Journal of Financial Economics*, 2010 (97), pp. 174 - 189.

[174] Tsai, W., Knowledge Transfer in Intra - organizational Networks: Effects of Network Position and Absorptive Capacity on Business Until Innovation and Performance [J]. *Academy of Management Journal*, 2001 (44), pp. 996 - 1004.

[175] Vikas Anand, Mark A. Clark, Mary Zellmer Bruhn, Team Knowledge Structures: Matching Task to Information Environment [J]. *Journal of Management Issues*, 2003, (12), pp. 15 - 31.

[176] Walters, B. A., Kroll, M., Wright, P., CEO Ownership and Effective Boards: Impacts on Firm Outcomes [J]. *Strategic Organization*, 2008, 6 (3), pp. 259 - 283.

[177] Wen - Ting Lin, Kuei - Yang Cheng, Yunshi Liu, Organizational Slack and Firm's Inter - nationalization: A Longitudinal Study of High - technology Firms [J]. *Journal of World Business*, 2009 (44), pp. 397 - 406.

[178] Westphal, J. D., Milton, L. P., How Experience and Network Ties Affect the Influence of Demographic Minorities on Corporate Boards [J]. *Administrative Science Quarterly*, 2000, 45 (2), pp. 366 - 398.

[179] Westphal, J. D., Bednar, M. K., Pluralistic Ignorance in Corporate Boards and Firms' Strategic Persistence in Response to

Low Firm Performance [J]. *Administrative Science Quarterly*, 2005 (50), pp. 262 – 298.

[180] William B. Stevenson and Robert F. Radin, Social Capital and Social Influence on the Board of Directors [J]. *Journal of Management Studies*, 2009 (1), pp. 16 – 44.

[181] Wincent, J., Anokhin, S. and Ortqvist, D., Does Network Board Capital Matter? A Study of Innovative Performance in Strategic SME Networks [J]. *Journal of Business Research*, 2010 (63), pp. 265 – 275.

[182] Wiseman, R., Bromiley, P., Towards a Model of Risk in Declining Organizations: An Empirical Examination of Risk, Performance and Decline [J]. *Organization Science*, 1996, 7 (5), pp. 524 – 543.

[183] Yi – Fen Huang, Chung – Jen Chen, The Impact of Technological Diversity and Organizational Slack on Innovation [J]. *Tech – innovation*, 2010 (30), pp. 420 – 428.

[184] Zott, C., Dynamic Capabilities and the Emergence of Intra – industry Differential Firm Performance: Insights from a Simulation Study [J]. *Strategic Management Journal*, 2003, 24, pp. 97 – 125.

[185] Zukin, S., DiMaggio, P., *Structures of Capital: The Social Organization of the Economy* [M]. New York: Cambridge University Press, 1990, pp. 124 – 126.